WINFRIED BECKER

REFORMATION UND REVOLUTION

WINFRIED BECKER

REFORMATION UND REVOLUTION

VERLAG ASCHENDORFF
MÜNSTER

KATHOLISCHES LEBEN UND KIRCHENREFORM IM ZEITALTER DER GLAUBENSSPALTUNG

Vereinsschriften der Gesellschaft zur Herausgabe des Corpus Catholicorum

Herausgegeben von Erwin Iserloh

34

Aschendorffsche Buchdruckerei, Münster Westfalen, 1974

ISBN 3-402-03322-4

INHALT

A. PROBLEMSTELLUNG UND HISTORIOGRAPHIE

I. Das Problem

Die Erklärung der deutschen Reformation durch einen wissenschaftlichen Revolutionsbegriff begegnet auf den ersten Blick großen Schwierigkeiten. K. *Griewank* behielt das Phänomen der Revolution der späten Neuzeit vor. Er glaubte es in seiner besonderen gedanklichen Form[1] erst bei Voltaire nachweisen und in seiner Realität erst an der Französischen Revolution studieren zu können: Erst hier schienen die großen kollektiven, von Massen-Ideologie sowie radikalem politischem und sozialem Engagement bestimmten Umwälzungen eingeleitet, der Bruch zwischen der Alten und der Neuen Welt vollzogen. Ganz übereinstimmend mit neuerdings stärker gewordenen Tendenzen, den Beginn der engeren Neuzeit ab 1789 zu datieren, lieferte hierzu O. *Brunner* die Begründung aus sozialgeschichtlicher Perspektive[2]: Erst das ausgehende 18. Jahrhundert bringt die Auflösung der religiös eingebundenen Haus- und Sippenordnung und das Vorwalten individueller Orientierung; aus jeweils zusammentreffenden politischen, sozialen oder weltanschaulichen Interessen und Meinungen autonom entscheidender Subjekte entstehen die modernen Gemeinschaften wie Nationen, Parteien, Bewegungen, die sich von den vorherigen gewachsenen, genealogisch vorgegebenen und christlich gerechtfertigten Kleingruppen unterscheiden. R. R. *Palmer* entwickelte das Konzept einer über den europäischen Raum hinausgreifenden „demokratischen Revolution“ im ausgehenden 18. Jahrhundert[3]; die für die moderne Welt schicksalhafte Phase der Industriellen Revolution beginnt in England erst gut 250 Jahre nach Luthers Ablaßthesen.

In der Tat ist es den Reformationshistorikern bisher nicht gelungen, in der ersten Hälfte des 16. Jahrhunderts einschneidende

[1] Karl Griewank, Der neuzeitliche Revolutionsbegriff. Entstehung und Entwicklung. Weimar 1955 (2. Aufl. 1969) S. IX, 2—4, 240 ff., passim.

[2] Otto Brunner, Neue Wege der Verfassungs- und Sozialgeschichte. 2. Aufl. Göttingen 1968. (Das Problem einer europäischen Sozialgeschichte) S. 80 ff., 97, 110—117.

[3] R. R. Palmer, Das Zeitalter der demokratischen Revolution. Eine vergleichende Geschichte Europas und Amerikas von 1760 bis zur Französischen Revolution. Bd. 1. Frankf. a. M. 1970. S. 14, 24 ff., 35.

soziale Veränderungen aufgrund umfassender gesellschaftlicher Krisen nachzuweisen, die über ansatzhafte Entwicklungen und wichtige Einzelmotive hinaus sich zu einem Gesamtbild revolutionären Wandels zusammenfügen ließen. Auch die marxistische Historiographie kam nicht umhin, ihre „frühbürgerliche“ Revolutionsdeutung mit der Kategorie des Unvollendeten abzurunden. Und auch die vergleichende verfassungsgeschichtliche Betrachtung läßt Zweifel an der Zäsur von 1517 aufkommen: Die Anfänge der französischen Staatswerdung, gefördert durch die neue Rechtsauffassung der Legisten, liegen in der Zeit Philipps des Schönen (1285—1314); die Territorialisierung Deutschlands, die endgültig erst 1918 aufgehoben worden ist, war im Spätmittelalter grundgelegt worden; die starken Impulse zur Zentralisierung, Straffung und zur ständisch-herrschaftlichen Umbildung der Reichsverfassung brachte die Reichsreform am Vorabend der Reformation[4]; die selbständige, weil Rücksichten auf die Einheit der Christenheit abstreifende Außenpolitik der europäischen Staaten entfaltete sich bereits um die Mitte des 15. Jahrhunderts[5]. Durch die Relativierung der Epochenscheide Reformation ist die langdauernde Diskussion um den noch mittelalterlichen oder schon neuzeitlichen Charakter der Glaubensspaltung nicht eben erleichtert worden, scheint die Deutung der Reformation als Revolution eher in unüberbrückbaren Gegensatz zu denjenigen Forschungsergebnissen zu geraten, die unabhängig von der Reformationshistorie erbracht wurden. Begreift man Revolution als grundlegenden sozialen Wandel, so ist dieser eher an der Entwicklung der Institutionen und an der kontinuierlichen Bildung neuer Schichten ablesbar: Die am historischen Gegenstand (und an dessen hinterlassenen Quellen) ausgerichtete sozial- und verfassungsgeschichtliche Methode scheint geeigneter, sozialen Wandel über lange Zeitläufe zu erfassen, als die zeitraffende[6] revolutionäre Konzeptualisierung gesellschaftlichen Umschwungs, die, auf Reformation angewandt, diese immer schon als zeitlich stark eingegrenzten, einmaligen und einheitlichen Prozeß voraussetzen muß.

[4] Vgl. Heinz ANGERMEIER, Reichsreform und Staatsordnung in Deutschland. In: Bericht über die 28. Versammlung deutscher Historiker in Köln 1970. GWU-Beiheft 1971. S. 26.

[5] Josef ENGEL, Von der spätmittelalterlichen respublica christiana zum Mächte-Europa der Neuzeit. In: Handbuch der europäischen Geschichte. Hg. v. Th. Schieder. Bd. 3. Stuttg. 1971. S. 3 ff., 8, 31.

[6] Den »Bewegungskoeffizienten« betont Reinhart KOSELLEK, Der neuzeitliche Revolutionsbegriff als geschichtliche Kategorie. In: Studium Generale XXII, 8 (1969) S. 825—838.

Schließlich ist unübersehbar, daß bis in die jüngste Vergangenheit hinein das Interesse an der religiösen Dimension der Reformation überaus rege geblieben ist. Daraus ergeben sich zwei zusätzliche Komplikationen. Zum einen verstärkt sich die Tendenz, die spätmittelalterlichen Wurzeln der lutherischen[7] und calvinischen[8] Theologie herauszuarbeiten, was eher auf Kontinuität als auf Revolution hinausläuft, da die Topik reformationstheologischer Begriffe dazu zwingt, deren Neues durch subtilen Nachweis von Bedeutungswandel heraufzuholen[9]. Zum andern führten die Zweifel am Faktum des Thesenanschlags zur Infragestellung des markanten Epochendatums 1517, und die freimütige Diskussion zwischen protestantischen und katholischen Historikern um die kirchensprengende Originalität von Luthers Rechtfertigungslehre scheint trotz der Verschiedenheit der Standpunkte zumindest Legendenbildungen den Boden zu entziehen. Revolutionäres Entdekken und Erleben weichen alltäglicheren Erklärungsgründen: wichtig bleibt, was die Reformatoren und ihre Gegner gelesen haben und in welcher Tradition wiederum ihre Lektüre stand. Die Verpflichtung der neugläubigen Predigt auf die vier Kirchenväter etwa wurde von den altgläubigen Ratsmitgliedern der pommerschen Landstädte lange als Kompromißmöglichkeit betrachtet[10].

Die Untersuchung theologiegeschichtlicher, kirchenrechtlicher und ekklesiologischer Teilaspekte wird allerdings von einer interkonfessionellen Voraussetzung getragen: daß man nämlich an der primär religiösen Bedeutung der Reformation festhält. Nicht nur dem religiösen Gewissen, sondern auch der soziologischen Analyse aber können religiös-christliche Bindung und revolutionäre „Hybris“ letztlich unvereinbar scheinen, da der konsequente Wille

[7] Hier ist vor allem auf den Dialog über das Rechtfertigungs- und Gnadenproblem zu verweisen. Vgl. Um Reform und Reformation. Hg. v. A. Franzen. II. Podiumsdiskussion: Das „Reformatorische“ bei M. Luther (H. Jedin, W. v. Loewenich, W. Kasch, E. Iserloh, P. Manns). Münster 1968. S. 38 (Manns), passim.

[8] Basil Hall, The Reformation City. In: Bulletin of the John Rylands Library 54 (1971). S. 147 f. betont die konservativen Elemente von Calvins ursprünglich stark auf die sakrale Gemeinschaft der Kirche ausgerichteter Theologie.

[9] Um Reform und Reformation S. 45. Vgl. Wilhelm Link, Das Ringen Luthers um die Freiheit der Theologie von der Philosophie. Hg. v. E. Wolf und M. Mezger. 2. Aufl. München 1955. S. 155, 61.

[10] Hieronymus, Gregorius, Ambrosius, Augustinus. Entsprechender Vorschlag der altgläubigen Ratsmitglieder der pommerschen Landstädte. Vgl. Hellmuth Heyden, Kirchengeschichte von Pommern. 2 Bde. Stettin 1937/38. I S. 317. Dies war ein Vorschlag der altgläubigen Partei auf dem Reichstag von Nürnberg 1523 gewesen.

zu totaler und radikaler Weltveränderung ersatzreligiöse Verneinung von Religion nach sich ziehen kann[11]. Besteht Einigkeit darüber, daß die Reformation eine christliche Bewegung (mit quasiweltlichen Beimengungen) war, dann muß sie gerade arevolutionär gewesen sein. Hier münden zwanglos die bekannten Vorwürfe gegen den Quietismus der altprotestantischen Orthodoxie ein, die die hierarchische Sozialordnung angenommen und den ‚Obrigkeitsstaat' in Deutschland heimisch gemacht habe[12]: Die reformatorische Besinnung hat, so sagt man, nicht das gebracht, was ihr Wesen war: eine neue Sozialordnung. Die historische Wertungskategorie, daß staatlicher und sozialer Wandel im Ansatz gescheitert sei, schlägt den Bogen zur Gegenwart und ist implizit auf ein Denkmodell des revolutionären Umbruchs festgelegt. Wer sich in seinem positivistisch-theologischen Reformationsverständnis nicht getroffen fühlt, entgeht nicht der Logik des Denkmodells, er erschließt sich ihr vielmehr als Reaktionär, der solchen Wandel ablehnt.

[11] Carl Brinkmann, Soziologische Theorie der Revolution. Göttingen 1948. S. 63 f.: Im „innersten Lebensbereich der beiden Phänomene ... kann Beobachtung und Wesensverständnis nicht anders als grundsätzlich Entgegengesetztes feststellen. Revolution ist und bleibt der Griff nach dem Schöpfertum einer neuen Natur und Welt; Religion, noch in den schroffsten Formen von Verneinung und Überwindung der „Welt", im Gegenteil Hinnahme von Freude und Leid aus Gottes Hand, vor allem aber Übergipfelung der menschlich-diesseitigen Forderungen von Gerechtigkeit in Verteilung und Vergeltung durch die Gedanken der Liebe und Gnade: Revolution die Sache der Hybris, der Technokraten und Eindimensionalen; Religion die Sache des Ausgleichs und Gleichgewichts menschlicher Maße und Möglichkeiten mit dem „Übergreifenden", worauf sie rückbezogen, festgebunden, „religiert" sind. Deshalb ist Religion nicht etwa Quietismus, Kultus der Macht und des Alten, Taubheit gegen das Arme und Machtlose einerseits, das Neue und Unerhörte andererseits."

[12] So jüngst mit bezug auf die deutsche Reformation noch einmal Klaus Harpprecht, Deutsche Themen. Hamburg 1974. S. 94: „Die deutsche Unfähigkeit zur Revolution erklärt sich aus einem theologisch exakten und nicht einmal unrealistischen Respekt vor der hierarchischen Struktur der Gesellschaft." Aus theologischer Sicht ähnlich Hans-Werner Bartsch, Die unvollendete Reformation des 16. Jahrhunderts. Kritische Überlegungen zur gegenwärtigen Geltung der lutherischen Bekenntnisschriften (= Evangelische Zeitstimmen 35/36). Hamburg 1968. S. 9 f., 40, 73: Luther stellte mit der Absage an den Bauernkrieg „die christliche Botschaft in den Dienst der bestehenden Gesellschaftsstruktur". Zur Zurückführung der sogenannten Untertanenmentalität auf Luther vgl. Hartmut Lehmann, Katastrophe und Kontinuität. Die Diskussion über M. Luthers historische Bedeutung in den ersten Jahren nach dem Zweiten Weltkrieg. In: GWU 25 (1974) S. 133—140.

Dies ist eine wissenschaftliche Herausforderung. Sie kann mit der Berufung auf ein historistisch enges, von allen „Universalien“[13] abstrahierendes, rein positivistisch auf die Spezifika der Epoche abstellendes Verstehen, das religiöse, politische und soziale Phänomene trotz ihrer Gleichzeitigkeit unvermittelt und trotz ihrer Folgen segmental begreift, kaum zureichend beantwortet werden. Vorwiegend einem immanenten Wissenschaftsverständnis, das von den inneren Entwicklungslinien der Forschung her fragt, erscheint das Problem, ob die Reformation revolutionär war, fremdartig und weit hergeholt. Deshalb liegt es aber nicht schon an der ideologieverdächtigen Grenzlinie wissenschaftlicher Aussage; es muß vielmehr mit der Sachlogik der reinen Spezialprobleme vermittelt werden. Denn die Struktur der heuristischen Vorbegriffe, die auch von Historikern verwendet werden, prägt die am historischen ‚Stoff' empirisch verifizierbaren Urteile vor. Ein Vorbegriff von Revolution taucht aber in der Reformationsgeschichtsschreibung (im weiteren Sinne) häufiger auf, als angesichts der aufgefächerten Spezialliteratur zunächst zu vermuten wäre.

II. Reformation und Revolution in der Literatur

1. Aufklärung

K. *Griewank* und E. W. *Zeeden* haben unabhängig voneinander nachgewiesen, daß die Auffassung, die Reformation sei eine Revolution gewesen, dem Menschen- und Weltverständnis der Aufklärung entstammt[14]. Der umfassende Fortschrittsgedanke der Aufklärung ließ im Gegensatz zur lutherischen Orthodoxie des 16. und 17. Jahrhunderts die Reformation nur noch als „Kirchenverbesserung“ gelten: die Reformation wurde von Gotthold Ephraim Lessing, Friedrich dem Großen, Johann Salomon Semler als natürliche Entwicklungsstufe auf dem Weg zur Freiheit des Geistes und der Vernunft entdeckt[15]. Da Luther für die Aufklärer die Freiheit brachte, brachte er für sie auch die Freiheit von dem Reformator

[13] Der Begriff meint nicht-geschichtliche Kategorien, die es erlauben, abstrahierbare strukturelle Phänomene in verschiedenen und zeitlich auseinanderliegenden Systemen aufzufinden, z. B. „Universalität von Herrschaft“. Vgl. Ralf Dahrendorf, Pfade aus Utopia. Arbeiten zur Theorie und Methodologie der Soziologie. München 1967. S. 314 ff.

[14] Vgl. Griewank, Revolutionsbegriff S. 195, 198, passim; Ernst Walter Zeeden, Martin Luther und die Reformation im Urteil des deutschen Luthertums. Studien zum Selbstverständnis des lutherischen Protestantismus von Luthers Tod bis zum Beginn der Goethezeit. 2. Bde. Freiburg 1950, 1952 (zit. Zeeden I, II).

[15] Zeeden I S. 192, 242 ff., 331.

selbst, das heißt von seiner Konfession und damit von allem Konfessionalismus: Auch die lutherische Orthodoxie ist nichts anderes als ‚päpstische' Intoleranz. Die aufklärerische Hochschätzung der Vernunft konstatiert nun aber zugleich, wie entfernt die Welt noch von ihrem rationalen Idealzustand ist, und begreift Geschichte als notwendigen, fortschreitenden Prozeß des Vernünftigwerdens der Wirklichkeit[16]. Die Reformation bedeutet Befreiung aus „kirchlicher Sclaverey"[17], erstes Aufflackern individualistischer Urteilsfreiheit und fügt sich als historische Etappe diesem Zukunftsentwurf. Der aufgeklärte Fortschrittsglaube führt zur Verzeitlichung der Welt, vor der Luthers Theologie nicht mehr bestehen kann, weil sie ungeschichtlich das Verhältnis von Sünde und Rechtfertigung in ein paradoxes Zugleich zusammendrängt[18] und weil sie von der völligen Wertlosigkeit aller menschlichen Verdienste überzeugt ist, wenn es um das ewige Heil geht. Für die protestantische Aufklärungstheologie ist nun die Verderbtheit und Sündhaftigkeit des Menschen noch keineswegs völlig abgetan, aber sie erscheint als aufhebbar, indem sie zeitlich lokalisiert und mit dem „Alten", vornehmlich den dunklen Zeiten des Mittelalters, identifiziert wird[19]. Durch beständiges Streben nach Vervollkommnung und Erfüllung seiner Berufspflichten muß es dem Menschengeschlecht gelingen, Aberglauben und Unvernunft, die Quellen des Leids der Vergangenheit, abzustreifen. Die Reformation ist gleichsam revolutionärer Vorläufer einer „neuen Wertordnung"[20], die den Menschen in die bürgerlichen Pflichten nimmt: Besitzstreben, Häuslichkeit, tugendhaften Wandel, nutzbringende Tätigkeit. Die Dichotomie von Weltbezogenheit und Heilsberufenheit des Menschen, für Luther nur durch die Gnade Gottes und das Verdienst Christi auflösbar, wird auf natürliche Weise innerweltlich vermittelt und in der Sache weitgehend aufgehoben, dennoch bleibt sie in der Vorstellung vom prozeßhaften Ringen der Mächte der Finsternis mit dem Licht der Vernunft abgewandelt — und zeitlich auseinandergelegt — erhalten.

[16] Vgl. Kyösti JULKU, Die revolutionäre Bewegung im Rheinland am Ende des achtzehnten Jahrhunderts. I. Bd. (= Annales Academiae scientiarum Fennicae. Ser. B. tom. 136). Helsinki 1965. S. 29.

[17] So Semler. Vgl. ZEEDEN II S. 269, 273, 281.

[18] Otto SCHEEL, Martin Luther. Vom Katholizismus zur Reformation. Bd. 2. Tübingen 1930. S. 587.

[19] Vgl. Alexandra SCHLINGENSIEPEN-POGGE, Das Sozialethos der lutherischen Aufklärungstheologie am Vorabend der Industriellen Revolution (= Göttinger Bausteine zur Geschichtswissenschaft 39). Göttingen Berlin Frankf. a. M. 1967. S. 145, 11.

[20] SCHLINGENSIEPEN-POGGE S. 192, 69 ff., 22, 134; vgl. LINK S. 372 f.

Ein soziologisch faßbares Motiv dieser theoretischen Operation war der Wille der protestantischen Geistlichkeit, den sich anbahnenden gesellschaftlichen Wandlungsprozeß aktiv zu unterstützen statt in Negation und theologischer Selbstbescheidung die Menschen an neue, philosophisch begründete Zivilisations- und Staatsaufgaben zu verlieren[21]. Aus dieser Absicht und aus der weltimmanenten Orientierung der Aufklärungstheologie selbst ergab sich ihre aktivistische und pädagogische Wendung: in einer Flut von Erbauungsbüchern und Predigtanleitungen, die seit 1770 einsetzte, wurde der neue Pflichtgedanke verbreitet. Die Wirkung kann nicht gering gewesen sein, denn Johann Gottfried Herder sah sich veranlaßt, gegen die Kanzelappelle einzutreten, die Unterwerfung unter ein aufgeklärt absolutistisches Staatsethos zur religiösen Pflicht erhoben.

In der Wertung der Reformation als Revolution unterschied sich Herder aber nicht prinzipiell von der angegriffenen Richtung. Mit Friedrich dem Großen teilte er die Auffassung, daß sich in der Reformation revolutionär das Prinzip der Gewissensfreiheit durchgesetzt habe, der Geist und die Vernunft gegen Hörigkeit und falsche Autorität der Päpste und Bischöfe aufbegehrt hätten. Wenn indes Friedrich der Große gegen die ungerechte Herrschaft der mittelalterlichen Kirche polemisierte, so erblickte er in ihr ein Konkurrenzunternehmen des absolutistischen Staats[22]: Die „Kabalen" der papsthörigen Priester hatten die Ansätze vernünftiger Staatsveranstaltung gestört, durch die Reformation war erstmals der Machtwille der klerikalen Amtsträger, der „Schwärmer", gebrochen worden, die für den aufgeklärten Verstand des Preußenkönigs das Heilige und Numinose nur im Interesse der eigenen Herrschaft eingesetzt hatten. Dieses Gedankengut wirkte bis ins 20. Jahrhundert weiter, während Herder die nationale Interpretation der Reformation grundlegte. Luther verkörperte für ihn erstmals das Genie des Volkes und der Sprache, ein Gedanke, der bei Johann Georg Hamann und Thomas Carlyle mit der alttestamentarischen Vorstellung des Propheten, der als Held sein Volk aus der Finsternis führt, verbunden wird[23]. Schlüssiger als die Aufklärer vermoch-

[21] Vgl. SCHLINGENSIEPEN-POGGE S. 193: „Die Aufklärungstheologie hat so aktiv in den Entwicklungsprozeß eingegriffen, der zur industriellen Revolution führte."

[22] ZEEDEN II S. 336, 338, I S. 291 f., 299.

[23] ZEEDEN I S. 320—324, II S. 369, 375, 382; vgl. Thomas CARLYLE, On Heroes, Hero-worship and the Heroic in History (The Hero as priest). London 1901. S. 113—116: „a great hero, open to the Divine significance of Life", ebd. S. 120, 132 f. (heldenhafte Revolte gegen den

te Herder das Weltverändernde der Reformation zu deuten: Sie ist ihm der „Typus“ jener revolutionären Schübe und Durchbrüche, die die universale, geschichtliche, organische Entwicklung der Menschheit durch „Leidenschaften und Bewegung“ weiter treiben als alle stille Gewalt[24]. Die Reformation ist Gottes eigener Eingriff in die Weltgeschichte wie die Geschichte selbst Gottes Offenbarwerden; die epochale Bedeutung der Reformation wird in dem biblischen Gleichnis vom „Saamenkorn“ transparent: indem es aufgeht, sprengt es die überlieferten Formen und führt notwendig ein neues Weltalter herauf[25].

Erste Komponenten eines revolutionären Verständnisses der Reformation können damit bereits beschrieben werden: Die Fixierung auf ein bestimmtes, über geschichtlichen Fortschritt zu erreichendes Endziel der Menschheit oder Gesellschaft herrscht vor; die Reformation wird zur Vorstufe einer Gegenwartsaufgabe erklärt, sie bestätigt den Staat in seiner vernünftigen Sorgewaltung für die Tugend, Vollkommenheit und Glückseligkeit des Menschen. Erste Station auf dem Weg der Selbstverwirklichung des Volkes, dieses „Gedankens Gottes“ in der Weltgeschichte, ist sie der divinisierte Sprung in einer notwendig sich vollziehenden Entwicklung. Bereits in der aufklärerischen Deutung der revolutionären Reformation schwingt ein eigentümlich aktivistisches Moment politischen Wollens mit, das eher ideell als auf politische Gegenstände konkret bezogen ist. Darüber hinaus fällt auf, daß bei aller Betonung der Größe des Ereignisses eine gewisse Zurückhaltung in der Mitteilung historischer Einzelheiten geübt wird, wie andererseits die Faktenseligkeit etwa des Rankeschen Historismus mit abnehmendem Relevanzbewußtsein gerade zunimmt. Schließlich ist das konfessionell-christliche Anliegen der Reformation weitgehend aus dem Blickfeld verschwunden.

2. Idealismus, Liberalismus und Nationalismus

Der Stellenwert der Reformation in der Gedankenwelt des deutschen Idealismus ist ein vielschichtiges, hier nicht zu erörterndes Sonderproblem. Die Aufklärung projizierte ihre Freiheits- und Vernunftpostulate auf die Reformation zurück, setzte sie dadurch mittelbar revolutionär gegen das alte Weltbild ein, leitete so ihre Wertung als Beginn der Neuzeit ein. Das religiöse Ereignis wurde zwar relativiert, die neue Interpretation beließ ihm aber gerade

Papst), 126: „Hero-Teacher, who has delivered [man] out of darkness into light.“

[24] Zeeden I S. 332—336, II S. 370 f., vgl. Joseph Vogt, Wege zum historischen Universum. Von Ranke bis Toynbee. Stuttg. 1961. S. 36.

[25] Vgl. Zeeden II S. 111, 271, Carlyle S. 118.

seine historische Geltung. Der deutsche Idealismus dagegen schritt fort zur „Revolution des Geistes“, der innerweltlichen individuell-idealistisch oder historisch-prozeßhaft gewendeten Eschatologie; idealistische Philosophen wie Johann Gottlob Fichte erwogen die gnostische Selbsterlösung des Geistes[26]. Die Konfessionen empfanden die Herausforderung. Dem „panrevolutionären Monismus“, der den Staat mit religiösen Heilserwartungen aufzuladen, die christliche Botschaft auf etatistische, politische, künstlerische Erlösung zu reduzieren drohte, setzte der Protestantismus eine „politische Ekklesiologie“ entgegen, die zwei Antworten mit verschiedenen Entwicklungsmöglichkeiten in sich barg[27]. Zum einen versuchte die Kirche die übernatürliche Hoffnung, die sie für die Zukunft des Menschen bereithält, als auch schon weltliche Alternative anzubieten; sie übernahm die eschatologische Komponente der „revolutionär verwaltete(n) Welt“ in den innerkirchlichen Bereich: die Erlösung im Endreich ist Gottes Auftrag an die Kirche, Gott schafft für die Gemeinschaft der Gläubigen alles neu, und Gott ist auch das „Subjekt der Revolution“ in der Welt, denn er allein setzt die Könige ein und ab. Die zweite Möglichkeit bestand darin, die Existenz der bestehenden Kirche und die Verbindung von Thron und Altar zu betonen und gegen Änderung abzuschließen, weil man gemäß der lutherischen Orthodoxie „in der Revolution den totalen Aufstand der Werkgerechtigkeit wahrzunehmen glaubte“[28]. Diese Ansicht wurde besonders von Friedrich Julius Stahl vertreten. Sie stand in konträrem Gegensatz zur aufklärerischen Interpretation der Reformation; die zwiespältige Beurteilung des fortschrittlichen Charakters der Reformation war grundgelegt. Die lutherische Orthodoxie, das Werk der Reformatoren, schien auf Herrschaftsstabilisierung hinauszulaufen, weil sie in Beschränkung auf den transzendent christlichen Auftrag Indifferenz gegenüber

[26] Vgl. Jürgen GEBHARDT, Politik und Eschatologie. Studien zur Geschichte der Hegelschen Schule in den Jahren 1830—1840. München 1963. S. 13 ff., passim; DERS. (Hg.), Die Revolution des Geistes. Politisches Denken in Deutschland. 1770—1830. Goethe-Kant-Fichte-Hegel-Humboldt. München 1968. S. 13—16 (Einleitung), 92 ff. (Johann Gottlob Fichte). Hegels Reklamation eines absoluten Wahrheitsanspruchs mußte tradierte Wahrheitsträger nicht revolutionär in Frage stellen, sofern sie nur „für das allumfassende Wissen, das über die Fassenskraft menschlichen Geistes hinausgeht“, im allgemeinen erhoben wurde; so Leszek KOLAKOWSKI, Der revolutionäre Geist. Stuttg. Berlin Köln Mainz 1972. (Diktatur der Wahrheit: ein quadratischer Kreis) S. 87.

[27] Vgl. Reiner STRUNK, Politische Ekklesiologie im Zeitalter der Revolution. München 1971. S. 315, 309, 143 ff., 145.

[28] STRUNK S. 314 f., zum Folgenden S. 189 ff.; vgl. auch LINK S. 378.

der Politik empfahl. Für Stahl verkörperte Luther, obzwar noch „Bannerträger der Freiheit", das Prinzip unverbrüchlichen Gehorsams gegenüber der von Gott eingesetzten, mit einem unveränderlichen Gewaltmonopol ausgestatteten Obrigkeit[29]: Die gegenrevolutionäre Haltung wurde zum eigentlichen Erbe der Reformation hochstilisiert, „das gespannte Verhältnis der Theologie zu Demokratie und Revolution"[30] belastete hinfort im Selbstverständnis eines weltzugewandten, fortschrittlichen Protestantismus das Andenken an die Reformation.

Seltsamerweise wurde trotz dieser inhaltlich gegensätzlichen Auslegungsmöglichkeiten die Methode, durch Rückprojektion eigener Absichten die Reformation den eigenen — revolutionären oder reaktionären — Weltentwürfen anzuverwandeln, nicht beeinträchtigt. Der politische Liberalismus des Vormärz wertete die religiöse Freiheit als Vorstufe zur politischen Freiheit des Bürgers[31]. Der reformatorische Protest gegen falsche Autoritäten wird als Aufforderung verstanden, unzeitgemäße Verhältnisse umzubilden, er ist ein Wink aus der Vergangenheit, bürgerliche Emanzipation ins Werk zu setzen; Luthers Gewissensaufstand nimmt das bürgerlich frühliberale Freiheitsverständnis und die patriotischen Aufgaben der Gegenwart vorweg. Nachdem die liberale Hoffnung auf einen parlamentarischen Nationalstaat sich zerschlagen hatte, blieb die Reformation gerade wegen ihrer Doppeldeutigkeit eine in hohem Maße zeitbezogene Epoche. Idealistische, religiöse, nationalistische und säkularistische Motive durchkreuzten sich in Treitschkes Interpretation der Reformation[32]: Sie ist eine Revolution gegen die Pharisäergesetzlichkeit, führt in „die Geschichte der modernen Menschheit" das „sittliche Ideal" ein, das

[29] Julius STAHL, Die Revolution und die constitutionelle Monarchie. Berlin 1848. S. 2: Deutschlands „größter Held, der Bannerträger der Freiheit, LUTHER, konnte nicht müde werden, die Sünde der Empörung zu verdammen". Siehe oben S. 10, Anm. 12.

[30] Heinz-Horst SCHREY, Einführung in die evangelische Soziallehre. Darmst. 1973. S. 50.

[31] Vgl. Lutz WINKLER, Martin Luther als Bürger und Patriot. Das Reformationsjubiläum von 1817 und der politische Protestantismus des Wartburgfestes. Lübeck Hamburg 1969. S. 23—26; Michael NEUMÜLLER, Liberalismus und Revolution. In: Geschichte und Gesellschaft. Hg. v. A. Alföldy, F. Seibt, A. Timm. Düss. 1973. S. 45.

[32] Heinrich von TREITSCHKE, Luther und die deutsche Nation. In: DERS., Historische und politische Aufsätze. Bd. 4. Leipzig 1897. S. 384: „Gewiß war Luthers That eine Revolution, und da der religiöse Glaube im innersten Kerne des Volksgemüths wurzelt, so griff sie in alles Bestehende tiefer ein, als irgend eine politische Umwälzung der neuen Geschichte."

dann rein erst Kant den Deutschen vorgestellt hat, nämlich „die freie Hingebung der Seele an Gott“; die Reformation zerbricht „das politische System der kirchlichen Weltherrschaft“, sie befördert die heilsame Zerstörung der geistlichen Staaten, die Deutschlands Einheit verhindern, und ist Vorstufe säkularistischer Nationwerdung unter preußischer Ägide[33]. Während der Engländer Carlyle das reformatorisch Bedeutsame in der Hebung des „private judgement“ sieht, im wiedergewonnenen Vertrauen der „sincere men“ auf ihre Urteilsfähigkeit, das die modernen laikalen Gemeinschaften erst ermöglicht[34], verschiebt sich im neuen deutschen Nationalstaat die Interpretation um eine entscheidende Nuance: Es ist das Bündnis zwischen machtvollem Staat und nationaler Selbstbestimmung, das in der Reformationsepoche vorgebildet zu sein scheint. Die Vorstellung, daß die Reformation die Nation von päpstlich-kirchlicher Weltherrschaft befreit habe, kompensiert die grundsätzlichere Frage nach der liberalen und demokratischen Form jeder Emanzipation, durch die auch die obrigkeitliche Geschlossenheit der neuen Nation zum Problem werden müßte. Aus westeuropäischer Sicht hingegen wird die Revolte des Protestantismus „against spiritual sovereignties, Popes and much else“ in einen weltgeschichtlichen, wenn auch europazentrischen Emanzipationsprozeß eingeordnet: Keimhaft ist in der Reformation die französische Revolution angelegt, sie bildet den ersten Akt menschheitlicher Befreiung, dem der Aufstand Cromwells und die Revolution in Frankreich notwendig folgen, aus ihr lassen sich nicht nur die deutsche Nationalliteratur, sondern auch die endgültige Parlamentarisierung Englands und die freiheitliche Ordnung der Vereinigten Staaten von Amerika letztlich herleiten[35].

Anders erschienen den deutschen Historikern, die preußisch-kleindeutsch orientiert waren oder in der Tradition Bismarcks standen, der Staat und die Nation als in sich unproblematische Objekte der Emanzipation von der mittelalterlichen Kirche: Diese hatte den christlichen Staat, wie der „Islam“ die mohammedani-

[33] Treitschke S. 383, 385 f., 389: Besonders die Resignation der Hochmeisterwürde des Deutschen Ordens durch Herzog Albrecht von Brandenburg ist die entscheidende Weichenstellung, die die Reformation für die Herstellung der Einheit gebracht hat.

[34] Carlyle S. 125 f., 120.

[35] Carlyle S. 123, 135: „it is, as we say, the greatest moment in the Modern History of Men“. Ganz ähnlich noch Ulrich Noack, Reichsreligion und Gewissensreligion. Ein universalhistorischer Leitgedanke aus der Mitte überschaubarer Weltgeschichte. In: Aus Reformation und Gegenreformation. Festschrift f. Th. Freudenberger (= Würzburger Diözesangeschichtsblätter 35/36) 1974. S. 20.

schen Staaten, umschlungen gehalten[36], von ihrer „irdisch-himmlische(n) Allmacht“ gingen „wie die Staaten“ so „die Gedanken zu Lehen“; dem „Weltkirchenstaat“ „leisteten Kunst und Wissenschaft den Treueid“[37]. Bereits für den konservativen Monarchisten Stahl hatte Luther nicht mehr allen Protestanten oder gar Aufgeklärten gehört; Stahl hatte ihn 1848 mit nationalem Ausschließlichkeitsanspruch unterschwellig für eine geistige Führerrolle im möglichen Restaurationskrieg gegen das revolutionäre Frankreich reklamiert[38]. In seiner nationalistisch-etatistischen Färbung war das reformationsgeschichtliche Revolutionsmodell nach 1871 geeignet, die außen- und innenpolitische Selbstbehauptung des Reiches gegen alle „internationale“ Gefährdung[39] historisch zu legitimieren. Im Innern vermochte es wenn nicht reaktionär, so doch integrierend zu wirken, indem es Freiheitsvorstellungen artikulieren half, die auf den nationalen Bestand des Reiches, aber nicht auf seine innenpolitische Verfassung bezogen wurden: Die Reformation wird begriffen als geschichtlicher Auftrag an das deutsche Volk, als entscheidender Anstoß zur Realisierung einer nationalen Kulturidee, die gegen das Naturrecht und den „Positivismus“ des Katholizismus ebenso wie des „angelsächsisch-romanischen“ Protestantismus abgegrenzt wird[40]. Die „Gestaltung der Welt von der Gesinnung aus“, die der deutsche Reformator predigte, findet Erfüllung im deutschen Idealismus Kants und Fichtes, die protestantische Berufsethik deutet vor auf die entscheidende Gegenwartsaufgabe persönlicher und zugleich „nationaler“ „Pflichterfüllung“[41]. Sowohl bei Fachhistorikern wie Paul Joachimsen als auch bei Theologen wie Ernst Troeltsch findet sich eine ans

[36] Johann Gustav DROYSEN, Historik. Vorlesungen über Enzyklopädie und Methodologie der Geschichte. Hg. v. R. Hübner. 5. Aufl. Darmst. 1967. S. 240: „Daß sich im christlichen Abendland der Staat diesem Joch entwand, war der Anfang der Reformation.“

[37] Diese und weitere Zeugnisse bei Hans von SCHUBERT, Die weltgeschichtliche Bedeutung der Reformation (Festrede). Tübingen 1917. S. 14 f., 16. Johannes HALLER, Die Ursachen der Reformation. Tübingen 1917. S. 8, 10 betont den „patriotischen Zorn“ der Reformatoren und des Volks „über den Hochmut einer landfremden Kaste“, die Angestellten der Priesterkirche. — Die Kriegssituation trieb hier wohl latent Tendenzen im Werk der beiden bedeutenden, sonst um Objektivität bemühten Reformationshistoriker besonders hervor; die Zeugnisse sind aber in unserem Zusammenhang aufschlußreich.

[38] Vgl. STAHL, Monarchie S. 2 f.

[39] Vgl. Julius KAERST, Die Reformation als deutsches Kulturprinzip. München 1917. Vorwort.

[40] KAERST S. 53, 62 ff.

[41] KAERST S. 31, 3 ff., 47, HALLER S. 31 f., v. SCHUBERT S. 35 f.

Rigorose grenzende ethisierende und idealisierende Interpretation der Reformation[42].

3. Historismus, Säkularismus und politische Theologie

Dieser teilweise entkonfessionalisierte Begriff der Reformation liegt nun nicht wie im Aufklärungsdenken unvermittelt neben der historischen Wirklichkeit der Glaubensspaltung, er wird vielmehr gerade aus ihr entwickelt. Nach Paul York von Wartenburg ist Luther „gar nicht als Lehrgestalt" zu sehen, sondern „als historische Kraft, als geschichtliches Motiv"[43], der in bedingungsloser fideistischer Unterwerfung unter das „liberum arbitrium" Gottes steht. Nach Dilthey ist der idealistische Pflichtbegriff in der Theologie und „religiösen Erfahrung" Luthers angelegt. Indem die protestantische Kirchengeschichtsschreibung die Geschichtlichkeit von Luthers Reformation reflektiert, die Tatsache, daß der Protestantismus historisch ins Leben getreten ist, erhebt er zum eigenen Prinzip, zeitbedingte konfessionelle Festlegungen weiterentwickeln zu können: Der Gedanke der „reformatio renascens et aeterna"[44] braucht die revolutionäre Veränderung der Konfession selbst nicht auszuschließen, wenn Revolution als Modalität einer historischen Veränderung, die wesentliche Bereiche wie die Bekenntnisschriften sich unterwirft, gedacht wird.

[42] Paul JOACHIMSEN, Die Bedeutung der Reformation für die Gegenwart. In: Zeitwende 4 (1928) S. 408 f. Auch wenn Joachimsen die Konstruktion gerader Entwicklungslinien von der Reformation zur deutschen Klassik, zur idealistischen Philosophie und zum preußisch-deutschen Reich zurückweist, so plädiert er doch für die „Gegenwartsbedeutung" der Reformation; sie liegt in der Auffassung des Staats als „sittliche(r) Persönlichkeit", in der Wertung der „Bildungsfragen" als „Gewissensfragen", die der „deutsche Geist" gegen Widerstände durchgesetzt hat (EBD. S. 405—407); v. SCHUBERT S. 29 spricht von der „protestantischen Art" „der ganzen modernen Geistesbildung".

[43] So Ernst-Wilhelm KOHLS, Das Bild der Reformation bei Wilhelm Dilthey, Adolf von Harnack und Ernst Troeltsch. In: Neue Zeitschrift für Systematische Theologie und Religionsphilosophie 11 (1969) S. 278, Anm. 45, S. 274 f. Vgl. auch KAERST S. 63—65.

[44] JOACHIMSEN, Bedeutung S. 409; UM REFORM UND REFORMATION S. 48 f. (v. Loewenich) und — allerdings nur für die kirchliche Verfassung — Helmut THIELICKE, Jus divinum und jus humanum. Zur Grundlagenproblematik des Kirchenrechts. In: Ecclesia und Res Publica. Hg. v. G. Kretschmar und B. Lohse. Göttingen 1961. S. 171 f.; nach BARTSCH S. 11 ist „das notwendige kritische Prinzip" des Schriftbeweises auch gegen die Confessio Augustana geltend zu machen. Vom katholischen Standpunkt DICTIONNAIRE DE THÉOLOGIE CATHOLIQUE, Bd. 13/I. Paris 1936. Art. Protestantisme Sp. 855 ff.

Gerade die Zeitbezogenheit ihrer Wertung nötigte aber die Historiker mit nationaler Tendenz dazu, das Scheitern der Reformation als nationaler Revolution einzugestehen[45]. Im ausgehenden 19. Jahrhundert war sich die historische Wissenschaft bereits darüber einig, daß die deutsche Nationwerdung kein Phänomen der frühen Neuzeit gewesen war, sondern die Reformation allenfalls vorausgesetzt hatte[46]. Dagegen haben in der Diskussion um die Säkularisierung und bis in die Theologie der Revolution hinein individualistische und säkularistische, aufklärerische Emanzipationskomponenten Beachtung gefunden. Die Befreiung des Individuums in der Reformation, der Aufstand des Gewissens, der revolutionäre Bruch mit der Anstaltskirche und ihrer „kollektiven Hierarchie“[47], die reformatorische „Befreiung“ der „Welt“ und „ihrer Seele“[48] blieben wichtige Werturteile, mit denen sich der Übergang zur Neuzeit erklären ließ. Noch für Hermann Lübbe ist die neuzeitlich-emanzipatorische „Befreiung der Welt zu ihrer Weltlichkeit“[49] auch der reformatorischen Begründung der Kirche aus dem Glauben allein zu danken. Die Reformation markiert den historischen Fluchtpunkt zukünftiger Säkularisierung, die die Welt für sich und den Menschen für den Glauben frei macht. Sie ist — je nach Standpunkt — das verheißungsvolle oder mißglückte Präludium der Emanzipation, in ihr deuten sich die Lösung von nicht-autogenen Bindungen an, ein Freiwerden für neue, individuell ergriffene Möglichkeiten gesellschaftsgerechten Engagements.

Ähnlich wie in der nationalistischen und idealistischen Interpretation kommt aber auch hier die Kategorie des Revolutionären in der Reformationsdeutung über zeitgeschichtliche Implikationen

[45] Vgl. Leopold von Ranke, Deutsche Geschichte im Zeitalter der Reformation. Bd. 2. 7. Aufl. Leipz. 1894. S. 3—6. Theodor Brieger, Die Reformation. Ein Stück aus Deutschlands Weltgeschichte. Berlin 1914. S. 3, 390 ff.: Die „Emancipation“ der „Nation“ blieb unerfüllt.

[46] Eugen Rosenstock-Huessy, Die europäischen Revolutionen und der Charakter der Nationen. Stuttg. Köln 1951. S. 420. Adolf Harnack betonte gerade die verhängnisvollen Auswirkungen der Glaubensspaltung auf das Zusammenleben der Nation (Hartman Grisar S. J., Luther. Bd. 3. Freiburg/Br. 1912. S. 927).

[47] Vgl. Stefan Szende, Europäische Revolution. Zürich New York 1945. S. 125; Will-Erich Peuckert, Die große Wende. Geistesgeschichte und Volkskunde. Bd. 2. Hamburg 1948. S. 573 f.

[48] Karl Brandi, Die deutsche Reformation. Leipz. Berlin 1927. S. 5

[49] Hermann Lübbe, Säkularisierung. Geschichte eines ideenpolitischen Begriffs. München 1965. S. 120 ff., in Interpretation Friedrich Gogartens und Johannes B. Metz'; schwer zu verstehen Hans Blumenberg, Die Legitimität der Neuzeit. Frankf. a. M. 1966. S. 12 ff.

zustande, insofern nämlich, als Emanzipation nichts Abgeschlossenes, sondern ein noch Erstrebtes und Erwünschtes ist. Es wird nun für den in die Zukunft reichenden historischen Anspruch der politischen Theologie charakteristisch, daß sie die Sinngebung der Gegenwart nicht über die Konfrontation von Zeiterfordernissen mit vorher festgelegten christlichen und konfessionellen theologischen Inhalten erreichen will; die „kritische", im Gegensatz zur noch dogmatisch gebundenen „unkritischen" Theologie[50] wird nur dadurch systematisch, daß sie ihr neuzeitliches (und quasi endzeitliches) emanzipatorisches Entwicklungsstadium reflektiert und in Praxis umsetzt. Den Horizont ihrer Kritik an Autorität und falscher Herrschaft gewinnt sie aber aus der nachreformatorischen Freiheitsentwicklung der Theologie. Die Reformation wird zum archimedischen Punkt: Zwar hat sie „Freiheit" hervorgebracht, aber deren soziale und politische „Folgen" nicht bewältigt, sondern zurückgestaut[51]. Je negativer die Reformation gewertet wird, desto deutlicher wird sie von revolutionärer Gegenwartsdeutung her gesehenes ‚historisches' Ereignis und deren Projektionsobjekt: Sind Luthers religiöse Motive nur unzulässige Verdrängung notwendigen Eintretens für die „soziale und politische Neuordnung"[52] gewesen, hat die Reformation den „radikalen Neuanfang bei der Urgemeinde"[53] verfehlt, so wird es zur Einlösung der eschatologischen Hoffnung unabweisbar, den „Prozeß der Reformation" in einem kritischen und radikalen Sinne weiterzuführen. Die Revolution wird permanent, weil das Streben nach dem „Reich Gottes", dem „Reich wahrer Gerechtigkeit"[54], in keiner „faktischen Revolution", also auch nicht in der Reformation, zufriedengestellt werden konnte. Je eindeutiger die christliche Eschatologie aus der Metaphysik herausgelöst wird[55], desto konsequenter muß sie auf politisch-historische Veränderung ausgerichtet sein, die als Prinzip der

[50] Trutz Rendtorff — Karl Gerhard Steck, Protestantismus und Revolution. München 1969. S. 17 ff. zehren hier von alten Versuchen, die Dogmengeschichte des Protestantismus aufzulösen.

[51] Rendtorff-Steck S. 11—13, 15, 23.

[52] Albert J. Rasker, Theologie und Revolution (= Evangelische Zeitstimmen 41). Hamburg 1969. S. 14 f.

[53] Bartsch S. 90, 6.

[54] Rasker S. 44. Wesentlich weiter geht Carl E. Braaten: „Die einfache Tatsache, daß das kommende Reich Gottes ausgerufen wird, ist wie das Einbauen von Dynamitkapseln in die soziale Struktur" (Die evangelische Staatslehre. Ausgew. und eingel. von Manfred Jacobs. Göttingen 1971. S. 204). Vgl. ebd. S. 209 (Richard Shaull).

[55] Für Rasker S. 44 ist die „biblische Eschatologie" nicht „ontologisch im Sinne einer ‚Überwelt' oder transzendentalistisch als ein Grenzbegriff unseres Existenzverstehens zu deuten".

revolutionären urchristlichen Hoffnung ausgegeben wird[56]. Je nachdem, ob die Reformation ihren revolutionären Auftrag erfüllt und einen „kritischen“ Prozeß in Gang gesetzt oder ob sie soziale Veränderungen unterbunden hat, ist die Reformation Revolution oder „präventive Kontrarevolution“[57].

4. Marxismus

Gerade wegen der dezidierten Abweisung weiter Teile der Kirchengeschichte, ihrer entfremdeten und „unkritischen“ Perioden, stellt die politische Theologie einen negativen Traditionszusammenhang her, der von Revolution zu zerreißen ist. Nicht viel anders verfährt die marxistische Revolutionsdeutung, die eigentlich gar nicht auf Karl Marx, sondern auf Wilhelm Zimmermann und Friedrich Engels[58] zurückgeht, nur daß ihre rein innerweltliche Eschatologie theologische Rückbindung völlig ablehnt. Die Reformation hat ihren festen Platz in der Geschichte der Klassenkämpfe und damit in der Kette der Revolutionen, die immer wieder die Weltgeschichte der menschlichen Unterdrückung von der antiken „Sklavenhaltergesellschaft“ bis zur spätkapitalistischen „Bourgeoisie“ durchbrechen und sozusagen apportiv auf die große Welt- und Endrevolution hinauslaufen. Die Unruhen, die während der Reformation in den Städten und unter den Bauern losbrachen, sind Zeichen des Aufbegehrens der „frühbürgerlichen Klasse“ gegen die Feudalherrschaft. Der Aufstand der Bauern und der städtischen Plebejer ist früher Vorläufer der „bürgerlichen“ Revolution gegen den „Feudalismus“ und wird deshalb „frühbürgerliche Revolution“ genannt. Theologische Argumentation ist grundsätzlich als Verhüllungsideologie der Klasseninteressen zu begreifen, als Menschen ihrer Zeit konnten die Täufer, Schwärmer und Bauern ihre Anliegen nur mit dem Wortschatz der christlichen Ideologie artikulieren und auch nur durch christliche Rede diszipliniert werden. Der Exponent des „Feudalismus“ ist die römische Kirche, gegen ihre „politische und ökonomische Vorherrschaft“ revolutionieren zunächst die betroffenen Klassen, Adel, Bürger, Stadt-

[56] Bartsch S. 7, 9, 13 ff., 90; die Bestimmung eines eschatologischen Ziels, etwa des Friedens (Bartsch S. 39 f.) ist demgegenüber zweitrangig, Rasker S. 10, 19, 23.

[57] Rasker S. 14 f. Vgl. Alfred Daniel, Die Protestantische Revolution. Bellnhausen 1968. S. 34 ff.

[58] Wilhelm Zimmermann, Allgemeine Geschichte des großen Bauern-Krieges. 3 Teile. Stuttg. 1841—1843. Das Buch des späteren Paulskirchenabgeordneten ist mit radikaldemokratischer Verve und voller Farbe geschrieben; Friedrich Engels, Der deutsche Bauernkrieg. In: Marx-Engels-Werke Bd. 7. Berlin 1973. S. 327—413.

plebejer und Bauern gemeinsam[59]. Im Bauernkrieg werden ihre divergierenden Klasseninteressen, die durch die „Gemeinsamkeit des nationalen Interesses“[60] im Kampf gegen Rom zunächst überdeckt worden waren, offenbar. Die Koalition bricht auseinander, die Restauration wird von der Fürstenklasse mit Hilfe der Theologie des späten Luther ins Werk gesetzt.

Die einheitliche Entwicklung des revolutionären Prozesses wird durch dessen objektive Tendenzen gewährleistet, die auf den einzelnen Entwicklungsstufen und Schwellen zwangsläufig zum revolutionären Durchbruch drängen[61]. Gelingt es indes, die Reformation als gescheiterte frühbürgerliche Revolution zu deuten, so bringt dies mit sich, daß Größe und Gewalt eines einmaligen Umbruchs vom Feudalismus zum Kapitalismus relativiert werden, die großen revolutionären weltgeschichtlichen Übergänge lösen sich in lauter kleinere revolutionäre Einzelaktionen auf. Über ihr Verständnis der Reformation als nationale Revolution hängt die marxistische mit früheren Deutungen zusammen: Da der Gegensatz zwischen dem drückenden Fiskalismus der Kurie und dem aufbegehrenden Kapitalismus des Bürgertums wohl als Kampf ökonomischer Interessen aufgefaßt werden kann, aber nicht notwendig einen totalen weltgeschichtlichen Bruch in der ökonomischen Entwicklung voraussetzt, muß das Nationalbewußtsein als revolutionäres Agens der neuen Klassen besonders stark betont werden.

5. Katholische Kulturkritik

Hinter den revolutionären Reformationsdeutungen von der Aufklärung bis zum Marxismus steht im wesentlichen ein inhaltlich bestimmter Begriff vom Fortschreiten der Geschichte. Dagegen soll die ältere katholische Interpretation der Reformation als Revolution die Rückkehr ins ‚wahre‘ Mittelalter plausibel machen. Sie wurde von H. Denifle, A. M. Weiß und gewissermaßen noch von J. Maritain vorgetragen. Die reformatorische „Umwälzung“ ist der „Abschluß des ausgearteten Mittelalters“, das „Petrefakt des abgestorbenen Mittelalters“[62]. Sie ist das Ergebnis des spätmittelalter-

[59] Rosemarie Müller-Streisand, Luthers Weg von der Reformation zur Restauration. Die kirchenkritische Theologie des frühen Luther und die Grundlagen ihrer Wandlung. Halle 1964. S. 96 ff.

[60] Ebd. Vgl. Max Steinmetz, Die nationale Bedeutung der Reformation. In: 450 Jahre Reformation. Hg. v. L. Stern und M. Steinmetz. Berlin 1967. S. 44 f.

[61] Leo Stern, Der geistesgeschichtliche und politische Standort der Reformation in Vergangenheit und Gegenwart. Martin-Luther-Universität Halle-Wittenberg. Universitätsrede. 1967.

[62] Heinrich Denifle — Albert Maria Weiss, Luther und Luthertum in der ersten Entwicklung. Bd. 2. Mainz 1909. S. 11.

lichen Auflösungsprozesses der Christenheit, sie erwächst auf dem Hintergrund miserabler politischer, sozialer und gesellschaftlicher Zustände. Der „Druck auf die niederen Klassen, die Ausartung des Adels und des Feudalwesens, ... das Aufsteigen der bürgerlichen Macht“ liefern soziale Motive, die auch für die Einführung der Reformation selbst verantwortlich gemacht werden[63]; Hinweise auf die „Gewinnsucht“ der römischen „Kurtisanen“ fehlen nicht[64]. Abweichend von der marxistischen Interpretation wird aber doch auf eine Plurikausalität finanzieller, politischer, sozialer und moralischer Mißstände abgehoben[65]. In dem bemerkenswert negativen Urteil über das katholische Spätmittelalter, das diese Interpretation mit den vorher geschilderten gemeinsam hat, spiegeln sich nun die eigenen Anforderungen an die Epoche. Der „moderne Zersetzungsprozeß“ wird vom „großen Schisma“ über den Protestantismus mit seinen Spätfolgen Rationalismus und Pietismus bis zum „sogen. modernen Geist“ ausgezogen[66]. In der revolutionären Zeit des Spätmittelalters und der Reformation ist die „moderne“ gesellschaftliche Revolution grundgelegt worden. Beiden gemeinsam sind das Stigma der „Entsittlichung“[67], der Modernismus, die „Leugnung der Tradition“ und die „Selbstherrlichkeit“[68], das zerstörerische Prinzip der „Negation“[69], der „Nihilismus“[70], der „Säkularismus“[71], der „Liberalismus“[72]. Luthers Glaubensspaltung führt die „Zeit der Scheidung“ und damit die Krankheit der modernen Zeit herauf.

Die Heilung dieser Zeitkrankheit, und damit wendet sich die Kritik ins Positive, wird nun vom Wiederaufleben der christlichen Autorität in Welt[73] und Kirche, von einer neuen Universalität

[63] Denifle-Weiss S. 101 ff., S. 23.

[64] Grisar I S. 38, 42.

[65] Vgl. Johannes Janssen, Geschichte des deutschen Volkes seit dem Ausgang des Mittelalters. Bd. 2. Freiburg/Br. 1882. S. 412 ff., 428, 438 (hier wird auch von der „Erhebung des städtischen, bäuerlichen und adelichen Proletariates“ gesprochen); Wetzer und Weltes Kirchenlexikon. Hg. v. J. Hergenröther und F. Kaulen. Bd. 10. 2. Aufl. Freiburg/Br. 1897. S. 884.

[66] Albert Maria Weiss, Lutherpsychologie als Schlüssel zur Lutherlegende. Denifles Untersuchungen kritisch nachgeprüft. Mainz 1906. S. 210; vgl. Denifle-Weiss S. 9.

[67] Denifle-Weiss S. 11.

[68] Weiss S. 105, 130.

[69] ebd. S. 117, 119.

[70] ebd. S. 61.

[71] ebd. S. 212.

[72] Denifle-Weiss S. 38, 34.

[73] Vgl. Weiss' S. 210 f. Bedauern über die „schreckliche, kaiserlose Zeit“ im Spätmittelalter sowie Wetzer und Welte. Bd. 10. S. 890; mit anderem Wertakzent Friedrich Gogarten, Luthers Theologie. Tübingen 1967. S. 13.

erwartet, die neuthomistisch und neuscholastisch begründet werden kann[74], aber in ihrem inhaltlich-christlichen Integrationsanspruch gerade auf den Widerstand anderer Integrationsideologien wie des liberalen protestantischen Nationalbewußtseins stoßen kann[75]. Die Diagnose, daß man in der „Liquidation der modernen Welt" stehe[76], erweist sich weniger als Analyse denn als Zukunftsentwurf, weil sie die eigentliche Tradition, das Redressement der heillosen Gebrochenheit des Zeitalters, die Repristination eines projektierten mittelalterlichen Idealzustands beschwört.

Die historisch gemeinte Aussage, die Reformation sei eine gescheiterte oder erfolgreiche Revolution gewesen, reflektiert also stets einen bestimmten Erwartungshorizont, sei er philosophischer, theologischer, gesellschaftlicher oder kultureller Art. Die Absicht, grundstürzende, auf totale Veränderung des Bestehenden zielende Neuordnung oder Neubestimmung der Gegenwart vorzunehmen, erstreckt sich grundsätzlich auch auf Zukunft, sie wird damit verzeitlicht und knüpft logisch auch an Vergangenem an. Zur Rechtfertigung einer als dringend empfundenen, umfassenden, prinzipiell revolutionären Veränderung dient die Historie. Die gegenwarts- und zukunftsbezogene revolutionäre Selbstauffassung wird umgesetzt in Stiftung oder Verwerfung von Tradition. Die Deutung eines vergangenen Ereigniskomplexes als Revolution, und zwar in allen Ablaufphasen bis zur konterrevolutionären Unterdrückung, kann so selbst Element gegenwärtig einzuleitender Revolution werden, sie kann aber auch die Funktion haben, revolutionäre Errungenschaften reaktionär zu schützen[77]. Aus einer

[74] So Jacques MARITAIN, Antimodern. Die Vernunft in der modernen Philosophie und in der aristotelisch-thomistischen Erkenntnisordnung. Augsburg 1930. S. 93 ff., 126 f.

[75] Vgl. Gottfried EISERMANN, Die Grundlagen des Historismus in der deutschen Nationalökonomie. Stuttg. 1956. S. 224 f. (über die Haltung Karl Knies'). Karl BUCHHEIM, Ultramontanismus und Demokratie. Der Weg der deutschen Katholiken im 19. Jahrhundert. München 1963. S. 64, 66, 68 (über Ignaz Döllingers Reformationsverständnis).

[76] J. MARITAIN, Christentum und Demokratie. Augsburg 1949. S. 22 ff.

[77] So macht Max STEINMETZ, Reformation und Bauernkrieg — Höhepunkte der Geschichte des deutschen Volkes. In: Sächsische Heimatblätter 19 (1973) S. 101 gegen die „idealistische", das genuin Religiöse der Reformation berücksichtigende Auffassung geltend: „Es gibt keine Möglichkeit eines friedlichen Ausgleichs zwischen Materialismus und Idealismus, so wenig wie zwischen Sozialismus und Imperialismus. Alles andere würde zwangsläufig auf Konvergenz hinauslaufen. Uns aber kommt es darauf an, unseren Standpunkt immer mehr zu erhärten, auszubauen, zu verteidigen, nicht eine nicht vorhandene Gemeinsamkeit zu betonen."

bestimmten Setzung heraus, deren eigener historischer (vielleicht zufälliger) Entstehungspunkt unbedacht bleibt, wird Geschichte formiert. Dies bedeutet aber nicht etwa historische Methode, sondern die funktionale und konjekturale Eingliederung historischer Geschehnisse in ein revolutionär strukturiertes Denkmodell, das auf rigide Wertungen nicht verzichten kann.

III. Ein Revolutionsbegriff

Es erscheint unzweckmäßig, die Inhalte der angeführten Deutungsversuche zur eigentlichen Fragestellung zu machen, da sie widersprüchlich sind und bewußt oder uneingestandenermaßen von den revolutionären Prädispositionen ihrer Entstehung selbst abhängen[78]; insofern hat die neuere wissenschaftliche Geschichtsschreibung über die Reformation, weil sie mehr auf minuziöse Erfassung des historischen Geschehens als auf gesellschaftliche Ansprüche oder Entwürfe abzielte, nicht ohne Grund den Revolutionsbegriff kaum oder nur zur Kennzeichnung einzelner Phänomene verwendet[79]. Vielmehr soll die Struktur des auf die Reformation bezogenen revolutionären Denkmodells selbst als Anleitung zur Definition eines Revolutionsbegriffes dienen, der auf die Reformation zutreffen könnte.

1. Revolution als Rückwendung

Das revolutionäre Denken, das eng mit (nicht stets säkularisierter) eschatologischer Hoffnung verbunden ist, spornt die zu verändernde Gesellschaft einerseits zum unendlichen Progreß, will aber andererseits den glücklichen Endzustand als Wiederherstellung des verlorengegangenen Urzustands heraufholen. Dies gilt für Rousseau, für die negative Dialektik der kritischen Theorie, für den Marxismus und abgeschwächt auch für die Ideologie verschiedener frühneuzeitlicher Revolutionen. Die niederländischen

[78] Vgl. LEHMANN S. 142: Der Weg von Luther zu Bismarck und Hitler erscheint je nach Konjunktur als deutsche Siegesallee oder Klagemauer; entschieden gegen jede „zeitgemäße" Interpretation Alexander EVERTZ, Die Evangelische Kirche und die Revolution von links. Velbert-Kettwig 1968. S. 70. Vgl. auch Robert WAELDER, Fortschritt und Revolution. Stuttg. 1970. S. 393.

[79] So Stephan SKALWEIT, Reichsverfassung und Reformation. In: Probleme der Kirchenspaltung im 16. Jahrhundert. Hg. v. R. Kottje und J. Staber. Regensburg 1970. S. 39 über die „revolutionäre", die weltlich-geistliche Rechtseinheit sprengende Zitation des gebannten Mönchs nach Worms 1521. Vgl. Diethelm HEUSCHEN, Reformation, Schmalkaldischer Bund und Österreich in ihrer Bedeutung für die Finanzen der Stadt Konstanz 1499—1648 (= Schriften zur Kirchen- und Rechtsgeschichte 36). Tübingen 1969. S. 57.

Freiheitskämpfer strebten nach Unabhängigkeit, indem sie in „conservative terminology“ auf Wiederherstellung altehrwürdiger Zustände drangen[80]. Die aufständischen Katalanen und Portugiesen (1640) begründeten ihre Opposition dadurch, daß sie ein realitätsfernes Idealbild ihrer historischen und nationalen Gemeinschaften entwarfen[81]. Die französische Fronde propagierte die Rückkehr zum Goldenen Zeitalter, das Parlament berief sich darauf, angestammter Nachfahr der fränkischen Heeresversammlungen auf dem Marsfeld zu sein[82]. Während der puritanischen Revolution in England forderten die Parlamentsadvokaten die „Balanced constitution“ als Einlösung mittelalterlicher Freiheitsrechte und der Magna Charta[83]; die Levellers benutzten den Mythos von der Freiheit der alten Angelsachsen vor der normannischen Landnahme für ihren radikalen Kampf gegen die Aristokratie[84].

Gerade durch leidenschaftliche Rückwendung zu eigentlicher Tradition und ihren Idealzuständen wird Bestehendes in der Substanz angegriffen. Die Gegenwart des realen historischen Entwicklungsstandes wird zugunsten des verschütteten Wahren negiert. Das Wahre ist durch den Geschichtsverlauf, der bis in die schlechte Gegenwart andauert, pervertiert worden. Dieses Denken wird als Regel-Mechanismus angesetzt, der revolutionäre Verhaltensweisen auf den Gebieten der Religion, des Rechts und der Politik steuert; es kann sich mit verschiedenen Auffassungen und Methoden verbinden, z. B. sowohl mit dem abstrakten Naturrecht wie mit dem mittelalterlichen Gewohnheitsrecht[85], wandelt diese aber durch seinen Hinzutritt entscheidend.

[80] J. W. Smit, The Netherlands Revolution. In: Preconditions of Revolution in Early Modern Europe. Ed. by R. Forster and J. P. Greene. Baltimore London 1970. S. 25 und ebd. S. 16: „But the backward thrust of these ideas did not prevent them from functioning effectively as an ideology for revolt or revolution.“ Vgl. Clausjohann Lindner, Theorie der Revolution. Ein Beitrag zur verhaltenstheoretischen Soziologie. München 1972. S. 14 f., 77.

[81] J. H. Elliott, Revolts in the Spanish Monarchy. In: Preconditions of Revolution S. 7, 115.

[82] Roland Mousnier, The Fronde. In: Preconditions of Revolution S. 8 f., 140 f., 147—149. Vgl. auch A. Lloyd Moote, The Preconditions of Revolution in Early Modern Europe: Did they really exist? In: Canadian Journal of History 7 (1972) S. 210.

[83] Lawrence Stone, The English Revolution. In: Preconditions of Revolution S. 91 f.

[84] Gerhard A. Ritter, Parlament und Demokratie in Großbritannien. Studien zur Entwicklung und Struktur des politischen Systems. Göttingen 1972. S. 64.

[85] Vgl. Fritz Kern, Recht und Verfassung im Mittelalter. Darmst. 1965

2. Die Notwendigkeit der Revolution

Revolutionäres Denken vermittelt subjektives (auch irrationales)[86] Wollen und objektive Tendenz intensiv bis zu deren völliger Identität. Dem Revolutionsbegriff wächst das „Naturgesetzliche" zu, die „faszinierende Perspektive des historisch Zwangsläufigen"[87]. Das subjektive revolutionäre Aufbegehren wird zur Technik der Revolution objektiviert. Auch wer Revolution nicht will, kann ihr objektiv nicht entrinnen. Daraus ergeben sich folgerichtig revolutionäre Propaganda und forensisches Reden. Da Revolution aber historisch notwendig ist, brauchte sie eigentlich keine Technik und keinen Kampf mehr; folglich kann sie sich auch kampflos durchsetzen. Bestehendes Recht wird, auch wenn es partiell in Geltung bleibt, der revolutionären Absicht nach Opfer der Revolution. Der mit revolutionärer Absicht unternommene Oktroy, der sich über bestehendes Recht hinwegsetzt, ist gegenüber dem Aushandeln eines Kompromisses („bargaining") eine revolutionäre Methode[88].

3. Revolution kontra Evolution

Evolution ist das Gegenteil von Revolution. Evolution schließt antihistorische Dynamik (Revolution) und konservierende Statik (Reaktion) aus. Reaktionäre Zeitstagnation und revolutionäre Zeitakzeleration[89] entsprechen sich gegenseitig: Nur durch

(erstmals HZ 120, 1919) S. 39 über die Erneuerung des getrübten mittelalterlichen Rechts durch „Wiederherstellung", S. 42 Anm. 1, 13 f., besonders S. 65: „Das naive volkstümliche Bewußtsein erhebt dort, wo ein Zustand seinem Rechtsgefühl widerspricht, noch heute die echt mittelalterliche Frage, warum denn, was recht sei, nicht auch Recht sein solle, heute, sofort und ohne alle Verschleppung, Umständlichkeiten und unverständliche bürokratisch-juristische Bedenken. Der mittelalterliche Rechtsbegriff ist warmblütig, unklar, verworren und unpraktisch, technisch unhandlich, aber schöpferisch, von einer nicht zu übertreffenden Erhabenheit und Tröstlichkeit der Idee; zu ihm kehren die Menschen besonders gern dann zurück, wenn sich ungeschriebene Urrechte der menschlichen Brust empören gegen die kalte Herzlosigkeit, wie es ihnen dünkt, geschriebener Satzung (im verführerischen Urrecht der Revolution z. B.)." Vgl. Griewank S. 21 f., Brinkmann S. 78, 8.

[86] Bruno Frei, Zur Kritik der Sozialutopie. Frankf. a. M. 1973. S. 19 tadelt die „objektiven Tendenzen" des „Vulgärmarxismus" und verlangt — mit Bezug auf Thomas Müntzer — den Hinzutritt subjektiver Kategorien „sei es Bewußtsein, sei es Traum".

[87] Brinkmann S. 8 f.

[88] Volker Rittberger, Über sozialwissenschaftliche Theorien der Revolution. Kritik und Versuch eines Neuansatzes. In: Politische Vierteljahresschrift 12 (1971) S. 497 f.

[89] Koselleck S. 831 ff.

den Rückgriff auf ‚Ewiges'[90] ist die Akzeleration zu erreichen, und nur das Beharren auf angeblich Unaufhebbarem kann Revolution zur Notwendigkeit werden lassen. Evolution ist der Reform zuzuordnen, der im Kleinen wirksamen Fortbildung und Veränderung, die eine Gegenwart nie ganz schlecht oder ganz gut findet[91]. Da die angegriffene Struktur gegen die qualitativen Änderungsversuche der Revolution immer wieder durchschlägt, ist der im Augenblick revolutionär intendierte Fortschritt auf lange Sicht nur als Evolution wahrnehmbar. Wissenschaft kann nur unter Zuhilfenahme evolutionärer, dauerhafte Wandlung erfassender Gesichtspunkte über Revolutionen Aussagen machen; Wandlungen innerhalb eines revolutionär attackierten Systems können beschrieben werden, während ein durch Revolution (idealtypisch) untergegangenes System als Gegenstand der Beschreibung nicht mehr existieren würde[92]. Evolution ist die Kategorie historischen Erfassens; auch revolutionäre Wissenschaft muß, will sie nicht nur ihre eigenen Erwartungen ausfüllen, Zugeständnisse an Evolution machen, indem sie Stufenfolgen von Revolutionen zur Überwindung der reaktionären Reste aufstellt[93]; für Lenin vollzieht sich die Weltrevolution in versetzten Sprüngen.

4. Elemente der Revolution

Schließlich geht es um die Auffindung von Elementen und Phänomenen des Revolutionären in der Reformationsgeschichte. Dieses zusätzliche, summative Verfahren ist methodisch gerechtfertigt; denn was man von einer Totalität wie der Revolution sicher wissen kann, ist, daß sie klar umschreibbare Elemente hat[94].

a) In erster Linie sind die „preconditions" der Revolution[95] zu nennen: Unzufriedenheit und Spannungen im Sozialgefüge, „innovations", die vom sozialen Körper nicht integriert werden können. Gehören dazu die vielberufenen „Mißstände", die nach fast ein-

[90] Vgl. Brinkmann S. 70: „Griff an das Firmament der ‚ewigen Rechte'".

[91] Ebd. S. 85, 70—72, 115 f.: Das „evolutionistische" im Gegensatz zum „revolutionären Denken" „ringt mit Fehlern und Mißbräuchen auf dem eigenen Boden" und ist nicht bereit, für das „Prinzipielle" „den hohen Preis der Illusion von Zielen und Mitteln" zu zahlen. Vgl. Walter Näf, Epochen der Neueren Geschichte. Aarau 1960. S. 34.

[92] So Rittberger S. 516—518.

[93] Vgl. Brinkmann S. 70. Trotzdem bleiben aber Evolution und Revolution prinzipiell unterschiedliche Kategorien (gegen Eugen Rosenstock, Die europäischen Revolutionen. Volkscharaktere und Staatenbildung. Jena 1931. S. 147).

[94] Karl R. Popper, Das Elend des Historizismus. Tübingen 1965. S. 61 ff.

[95] Preconditions of Revolution S. 12 ff., 17; dazu kritisch Moote S. 207—234.

helliger Meinung der Reformationshistoriker am Vorabend der Reformation herrschten?

b) Ein wichtiges Definitionselement von Revolution ist der Streit um die Besetzung von (Herrschafts-)Positionen, und zwar vor allem ein erweiterter Zugang zu solchen Positionen, der durch einseitigen Druck erzwungen wird[96].

c) Revolution setzt „Machtdeflation" und „Autoritätsverlust" der bestehenden Herrschaft, die in eine Vertrauenskrise gerät, voraus[97]. Die Krise kann beschleunigt werden, 1. durch das nachgiebige oder zu harte Verhalten der gefährdeten (Staats-)Macht, 2. durch deren äußere Lage (Krieg).

d) Die Revolution ist ein „stoßweise" erfolgender „Vorgang (Durchbruch, Umbruch)" in den staatlichen, rechtlichen, sozialen Verhältnissen, sie ist eine zumindest zunächst partiell plötzlich obsiegende Bewegung[98]. Gewalt in Form des „internal war" ist zur Definition von Revolution nicht „ausreichend"[99].

e) Revolution ist gekennzeichnet durch einen „Auslöser", Träger, seien es ein oder mehrere Führer oder ein institutionelles „vehicle of protest"[100] (Ständeversammlungen, Parlamente). Revolution ist gegen bestehende Institutionen gerichtet, kann sich ihrer aber auch unauffällig durch Unterwanderung bemächtigen.

f) Revolutionäre Bewegung enthält ideelle bzw. ideologische Antriebsmomente, die innerhalb der Bewegung als Solidaritätsfaktoren wirken, aber gegen einen Feind gerichtet sind und propagandistisch eingesetzt werden.

Ein wissenschaftlicher Revolutionsbegriff kann nicht auf revolutionäre Selbstdeutung festgelegt werden. Da Revolution nur auf dem Hintergrund von Evolution erfaßbar ist, müssen geschichtliche Einheiten betrachtet werden. Solche waren in der Reformationszeit die Kirche und der Staat; der Staat war, grob gesprochen, auf den drei Ebenen Territorium, Reich und Stadt präsent.

[96] Nach Rittberger das zentrale Definitionselement: Unterscheidung verschiedener Typen aufgrund der Kombination Zahl der Herrschaftspositionen/Oktroy/„bargaining" S. 497 f., 518 f.

[97] Chalmers Johnson, Revolutionstheorie. Köln Berlin 1966. S. 157 ff., 162 f., Rittberger S. 511 ff.

[98] Griewank (1955) S. 7, 170, 194, 240 ff.

[99] Harry Eckstein, Etiology of Internal Wars. In: History and Theory 4 (1965) S. 133—163 wird kritisiert in Preconditions of Revolution S. 22 f. und Moote S. 221 und 27.

[100] Preconditions of Revolution S. 17, Moote S. 217 f.

B. REFORMATION UND REVOLUTION IN KIRCHE UND STAAT DES KONFESSIONELLEN ZEITALTERS

I. Reformation und Kirche

Wir gehen zunächst von historisch vertretbaren Aussagen der revolutionären Reformationsdeutung aus. Die positiv gewendete Säkularisierungsthese begreift den emanzipatorischen Umbruch der Neuzeit reformationstheologisch; die christozentrische, vom Individuum her gedachte Erneuerung des Glaubens macht frei für die Welt. Aus der Sicht des Historismus bemerkte aber Ernst *Troeltsch*, daß die Reformation den Säkularismus, den Individualismus und die Freiheit der „modernen Kultur“ nicht unmittelbar gebracht habe; er rückte deshalb Luther und den „Altprotestantismus“ wieder nahe ans Mittelalter heran: Das Moderne im Protestantismus kommt erst nach dem Schwinden seiner mittelalterlichen Form, also postreformatorisch, zum Tragen[101]. *Troeltsch* setzte damit ältere Auffassungen über die mehr oder minder totale Geschlossenheit des Mittelalters voraus, ähnlich wie der Marxismus den geschlossenen, aber inhaltlich anders verstandenen kirchlichen Komplex des mittelalterlichen „Feudalismus“. Die durch Neuzeit und Säkularisierung zum Vorteilhaften revolutionierte Macht der mittelalterlichen Kirche, aus der humane Weltlichkeit reformatorisch ausgegrenzt worden ist, erscheint im Grunde als unproblematische Antiposition; im Hintergrund stehen Anschauungen, denen *Ranke* mit seinem Wort vom „kriegerisch-priesterlichen Staat“ des Papsttums zukunftsprägend Ausdruck verliehen hatte[102]. Bei unwesentlichen Akzentverschiebungen verwandte die ältere katholische Historiographie das gleiche Modell, wenn sie die „Einheitskultur“ ins Hochmittelalter zurückverlegte und gegenüber der

[101] Ernst TROELTSCH, Die Bedeutung des Protestantismus für die Entstehung der modernen Welt. 3. Aufl. München Berlin 1924. S. 32 ff., 74 ff., 87.

[102] RANKE S. 3 ff., v. SCHUBERT S. 25, 14 f., 18, HALLER S. 2 f., 7, BRIEGER S. 97 ff. Gerhard RITTER, Die Neugestaltung Europas im 16. Jahrhundert. Berlin 1950. S. 13 f. sieht Staat und Kirche im Mittelalter analog dem Verhältnis von Kaisertum und Papsttum ineinanderliegen wie zwei „konzentrische Kreise“.

Maßlosigkeit des lutherischen Subjektivismus verteidigte, während Joseph *Lortz* dann die Objektivität nicht mehr auf die Einheit von Kirche und Welt, sondern auf die objektive Heilsinstitution Kirche bezog[103].

1. Luthers Rückwendung

Lange wurde die Diskussion um den reformatorischen kirchensprengenden Subjektivismus von zwei gegensätzlichen Auffassungen beherrscht; dabei konnte man quellenbezogen argumentieren, indem man die Ideengeschichte der spätmittelalterlichen Theologie heranzog. Die katholische Seite versuchte nachzuweisen, daß Luthers Reformationstheologie nichts Neues enthalte, sondern bereits existente Schulmeinungen aufgegriffen habe; dadurch sollte die geschichtliche Notwendigkeit der Reformation entkräftet werden[104]. Dagegen bemühte sich die protestantische Seite, die Originalität Luthers auf allen Gebieten zu betonen[105], das Wesen des lutherischen Protestantismus erschloß sich ihr über die hermeneutische Interpretation aller seiner theologischen Äußerungen[106]. Inzwischen können sich Kirchenhistoriker beider Konfessionen auf die Formel einigen, daß Luthers Theologie im zentralen Punkt der Rechtfertigungslehre einer „schöpferischen Wiederentdeckung"[107] gleichkam, daß der Reformator „eine über 300 Jahre zugeschüttete Form theologischen Denkens" wiederbelebte. Diese Feststellung muß als Hinweis auf die Art und Weise, wie Luther zur Reformation kam, ganz wichtig genommen werden; denn der genaue geistesgeschichtliche Vergleich vorreformatorischer Schulmeinungen mit reformatorischer Theologie vermag, sofern er inhaltliche Kongruenzen aufweist, das Geschehen der Reformation gerade nicht historisch zu erklären, sondern macht es nur um so rätselhafter. Hier ist wieder auf die alten, irrational anmutenden Topoi der protestantischen Lutherbiographien und Reformationsgeschichten zurückzugreifen, die Luthers reformatorisches Erlebnis, seinen aufs Ganze gehenden Bruch mit der ‚entarteten' Rechts- und Kirchenreligion in den Vordergrund stellen. Sie meinen in ihrer Tendenz etwas Richtiges: Durch seine „Rechtfertigungslehre fand" Luther „die Verbindung mit der Seele des Urchristentums und

[103] Joseph LORTZ, Die Reformation in Deutschland. Bd. 1. 5. Aufl. Freiburg Basel Wien 1962. S. 217 ff.

[104] So durchgängig GRISAR.

[105] Für die Konziliarismusidee vgl. Remigius BÄUMER, Martin Luther und der Papst (= KLK 30). Münster 1970. S. 30 ff., 43 ff.

[106] So jüngst wieder das Lutherbuch von GOGARTEN (Tübingen 1967).

[107] UM REFORM UND REFORMATION S. 45, 36 (Iserloh, Manns).

weckte er sie zu neuem Leben. Das ‚Mittelalter' wurde entrechtet und entwurzelt, als der ursprüngliche Sinn von Röm. 1, 17 entdeckt wurde"[108]. Dies ist nicht primär als Tatsachenbehauptung zu nehmen, sondern als ein Verstehen der Absicht des Reformators, wie es auch in die zeitgenössische „Lutherallegorese"[109] des 16. Jahrhunderts eingegangen ist. Im Ringen um den gerechten Gott und im Verlauf der Disputationen fühlt sich Luther zu der Auffassung getrieben, die bisherige Geschichte der Kirche und ihrer Lehre sei eine völlige Fehlentwicklung, eine Verstellung der christlichen Wahrheit gewesen; er will die Fesseln der „babylonischen Gefangenschaft", in die der christliche Glaube geführt worden ist, abstreifen und zum wahren Ursprung zurückkehren[110]. Das „revolutionäre Prinzip" des „alles oder nichts"[111] wird in Gestalt der radikalen „Glaubenstheologie" dem weltklug gewordenen, pragmatisch-konservativen Geist der bestehenden Kirche entgegengesetzt. In der Rechtfertigung durch die hingenommene Gnade Gottes ziehen sich die ganze Wahrheit und die eigentliche Tradition zusammen, die „totale Erlösung", die das Urchristentum der Welt verheißen hat. Die allzeit kompromißbereite Organisation der Kirche, die so vielfach in die Mißlichkeiten dieser Welt verstrickt scheint, wird in Luthers Augen zutiefst rechtlos. Wie Calvin läßt er allenfalls noch die vier ersten Konzilien gelten, das Bewußtsein, den eigentlichen Kern des Christentums wiederentdeckt zu haben, eint Wittenberg trotz der großen Unterschiede in Sakramentslehre und Liturgie mit Zürich und Genf. Auch das Sendungsbewußtsein Martin Butzers steht dem Luthers kaum nach[112]. Die Struktur des reformatorischen Selbstverständnisses kann, unabhängig davon, ob

[108] So z. B. SCHEEL II S. 597, 596 (Wiederkehr der „Tage des Urchristentums"); v. SCHUBERT S. 18 f.: Luther „verkündete ein neues Verständnis als das ursprüngliche und legte damit einen neuen Grund, der an die älteste Vergangenheit anknüpfte und doch die weiteste Zukunft öffnete. Die Weltgeschichte bewegte sich in ihren Angeln".

[109] ZEEDEN I S. 79.

[110] Vgl. Winfried ZELLER, Reformation und Mittelalter. In: Reformation und Gegenwart. Vorträge von Mitgliedern der Theologischen Fakultät Marburg zum 450. Jubiläum der Reformation (= Marburger Theologische Studien 6). Marburg 1968. S. 27 f., LORTZ I S. 71, 393 ff.; Bekundungen Luthers über die Wahrheit seiner Lehre, die „gottis ist", und die Fehlentwicklung der „Römischen" Kirche in WA 6, S. 429, 292 ff., 300, 459 (alle 1520), WA 7, S. 281, 275 (1521).

[111] KOLAKOWSKI S. 8 f.

[112] August FRANZEN, Bischof und Reformation. Erzbischof Hermann von Wied vor der Entscheidung zwischen Reform und Reformation. Münster 1971. S. 88 f.

es die „restauration du christianisme primitif" gebracht hat[113], revolutionär genannt werden.

In der Einschätzung der Reformatoren und der Neugläubigen hat die Wiederherstellung des wahren Christentums eine ganz andere Dimension als die ex post, auf dem Weg historischer Studien feststellbare Wiederbelebung von Teilen der augustinischen Theologie. Mit einer gewissen inneren Folgerichtigkeit wächst Luther bei seinen Anhängern in die Führungsrolle des Propheten und „Charismaträgers"[114] hinein. Luther ist der Vollstrekker des Willens Gottes in der Geschichte; in dem apokalyptischen Kampf, der anzeigt, daß die Endzeit angebrochen ist, wird er zum Widerpart des päpstlichen Antichristen. Die Zeitgenossen verstehen es wörtlich, daß er das Evangelium wieder aufrichtet, es rein wie am Anfang lehrt und die Abgötter stürzt. Luther wird als lebendes Exemplum in das geschichtstheologische Denken der mittelalterlichen Typologie einbezogen. Daß die „Altväter" Jakob, Abraham, David und Isaak trotz tadellosen Wandels „erst nach fünftausend Jahren" durch „das ewig Wort" selig geworden sind, wird zum alttestamentarischen Sinnbild für die Aufhebung der „bäpstlich und Menschensatzung" der vergangenen Jahrhunderte „durch den edlen Werkzeug Martinum Luther und seinen Anhang"[115]. Hinter der allegorischen Anwendung biblischer Gleichnisse und Bilder auf den Reformator steht die Überzeugung, daß Luther, der Engel der Apokalypse und das Licht in der Finsternis, in die Heilsgeschichte eingegriffen hat[116].

[113] Dieser „thèse protestante" ist von katholischer Seite stets widersprochen worden (Dict. Théol. cath. 13, 2, Sp. 2028, 2024).

[114] So bei Melanchthon (Zeeden I S. 92, vgl. S. 17, 19, 23 f., 31 ff., 56 f., 63, 101).

[115] Gustav Adolf Benrath, Zwei Flugschriften des Reichsritters Hans Landschad von Steinach von 1522 und 1524. In: Blätter für Pfälzische Kirchengeschichte und religiöse Volkskunde 40 (1973) S. 278 f., 282 (1524), 261. In seiner „(evangelisch verstandenen) Heilsgeschichte" fährt der kurpfälzische Rat fort: „wirstu finden und klerlich verstehn, daß uns jetzt das wahr Licht der Genaden und der alt Glaub, weiland den Juden von Gott verkündt und nachmols durch Christum bestetigt, ist widerkommen, dass die Christenheit lang und viel Jahr, als ich förcht: durch unser Sünd und den Zorn Gottes, von uns genommen und bedeckt gewest ist." (ebd. S. 285).

[116] Hiervon ist auseinanderzuhalten, daß die Theologie Luthers nur geringe Möglichkeiten einer Sinngebung der Geschichte vorsieht: Gott bewegt sich auf den Menschen hin und bricht unbeirrt um „merita" in dessen Lebensgeschichte ein, wandelt sie sprunghaft in der glaubenserwirkten Annahme der Gerechtigkeit. Von der Geschichte des Einzelnen wie der Menschheit und der Kirche (als Geschichte auch mensch-

2. Das konfessionelle Prinzip

Die prophetische Führerstellung, ein Kennzeichen des Revolutionären[117], wächst Luther aus dem theologischen Denken des Mittelalters zu. In der Hartnäckigkeit seines Auftretens könnte entsprechend ein Element mittelalterlichen Rechtsdenkens liegen. Das mittelalterliche Volksrecht kannte keine Zubilligung subjektiver Rechte durch ein umgreifendes objektives Recht, das der heutigen Gesetzgebung adäquat gewesen wäre. Bei der Unsicherheit und technischen Unvollkommenheit der Rechtsüberlieferung mußte jeder Rechtsträger versuchen, vom Herrscher eine Verbriefung seines Rechts zu erreichen[118]. Auch auf die Rechtsanstalt Kirche konnte dies Auswirkungen haben; jedenfalls suchten sowohl Tetzel und die Dominikaner als auch Luther bei höheren Instanzen um Bestätigung ihrer Auffassung nach, und das kanonische Recht gestand jedem Doktor der Theologie die Freiheit wissenschaftlicher „opiniones", nicht aber den beliebigen Gebrauch der dem Lehramt vorbehaltenen „fides" zu. Es hat zweifellos auch eine widerstandsrechtliche mittelalterliche Tradition, daß Luther sich nicht überwunden fühlte[119], und diese war auch von kirchlicher Seite, etwa von Innozenz III., bereits seit langem grundsätzlich akzeptiert worden[120].

Das Widerstandsrecht ist aber im Unterschied zur Revolution stets geneigt, die eigene Position auf fortdauernde Legitimation hin zu überprüfen und bei Behebung der Rechtskränkung zurückzu-

licher Irrungen) ergibt sich im wesentlichen kein Zugang zu Gott in Form einer finalen Entelechie, einer Entwicklung auf Gott hin (Link S. 141 ff.).

117 Dict. Théol. cath. 13, 2 Sp. 2027, 2032 f. nennt deshalb Luther „vraie cause de la révolution"; Franzen, Wied S. 45.

118 Kern S. 57 ff. Dies beinhaltete aber gerade wieder die Möglichkeit der Fortbildung des Rechts, da die Verbriefung (und auch die Fälschung) gerade jahrhundertealtes, verschüttetes Recht gegen — nunmehr als Unrecht entlarvtes — gegenwärtiges Gewohnheitsrecht an den Tag bringen konnte. Und es ist die Frage, ob es nicht hier schon eine kritische Negierung bestehender rechtlicher Wirklichkeit zugunsten des praktischen Interesses (des Fälschers) gab.

119 Dies grundsätzlich gegen die psychologische Interpretation, die zur polemischen Ab- wie zur euphorischen Aufwertung Luthers verwendet werden kann, vgl. Scheel S. 585, Paul Liman, Die Revolution. Eine vergleichende Studie über die großen Umwälzungen in der Geschichte. Berlin 1906. S. 109 ff.

120 So Francis Oakley, Celestial hierarchies revisited: Walter Ullmann's vision of medieval politics. In: Past and Present 60 (1973) S. 3 ff. unter Hinweis auf die Forschungen von Friedrich Kempf und A. M. Stickler.

nehmen[121]; es war nur der Ausgangspunkt des Neuen, das die Glaubensspaltung brachte. Luthers Verhalten auf dem Wormser Reichstag ging über alles gewohnte Beharren auf der eigenen Meinung, das von einem subjektiven Rechtsempfinden begleitet ist, klar hinaus. Luther glaubte nicht widerrufen zu können, weil er sich durch das eigene Gewissen gefangen fühlte[122]. Es war alles andere als ein nebensächliches Phänomen, daß der Reformator sich gedrängt fühlte — und daß es ihm auf lange Sicht auch gelang —, den Modus der Disputation seiner Schulmeinung zuerst auf die Kurie auszudehnen und die Disputationsabsicht über ihren begrenzten Stellenwert in der eigentlichen Prozeßsache hinaus zur Geltung zu bringen[123]. Nachdem Luther und seine Anhänger sich von der Autorität des Papstes und der Konzilien[124] freigesprochen hatten, begann für sie erst das Autoritätsproblem, das aber nicht nur im nachhinein von der Notwendigkeit einer dogmengeschichtlich zu gewährleistenden Einheit der protestantischen Kirchen her zu sehen ist. Verallgemeinerte Luther das Gewissensprinzip über seine eigene Person hinaus, und dies tat er mit der These vom allgemeinen Priestertum, so hätte der Spruch eines Nationalkonzils, das an die Stelle der lehramtlichen Autorität der Kirche getreten wäre, nur dann Aussicht auf Annahme gehabt, wenn er mit der gleichzeitigen einhelligen Überzeugung aller Konzilsteilnehmer durch Gründe der Vernunft und der Schrift zusammengefallen wäre. Wollte er Worms nicht untreu werden, mußte Luther die konziliaristischen Argumente, die beim schlechten Ruf der Kurie guten Anklang fanden, eigentlich ohne rechte innere Überzeugung weiter verwenden; und dadurch war der Erfolg eines nationalen oder universalen Konzils wohl ebenso gefährdet wie durch die Indolenz, die antihabsburgischen Ränke, das Sträuben Clemens' VII.

Das Gewissensprinzip hat seinen bekanntesten quellenmäßigen Niederschlag im Speyerer Protest der Reichsstände von 1529

[121] Vgl. Karl Friedrich BERTRAM, Widerstand und Revolution. Ein Beitrag zur Untersuchung der Tatbestände und ihrer Rechtsfolgen (= Schriften zum Öffentlichen Recht 117) Berlin 1964. S. 49 ff. Die theoretische Ausprägung des Widerstandsrechts bei Luther in anderem Zusammenhang unten S. 50 f., 75 f.

[122] Kurt-Victor SELGE, Capta conscientia in verbis Dei. Luthers Widerrufsverweigerung in Worms. In: Der Reichstag zu Worms. Reichspolitik und Luther-Sache. Hg. v. F. Reuter. Worms 1971. S. 180 ff.

[123] Vgl. Wilhelm BORTH, Die Luthersache (causa Lutheri) 1517—1524. Die Anfänge der Reformation als Frage von Politik und Recht. Lübeck Hamburg 1970. passim.

[124] 1519 ist in dieser Frage bei Luther der Bruch zu konstatieren (BÄUMER S. 45).

gefunden; die dort verwendete Formulierung, die, wie schon der Reichsabschied von 1526, den Einzelnen reformationstheologisch unmittelbar vor Gott stellt, verdeckt aber gerade den organisatorischen Anspruch der entstehenden Konfessionskirche. Der Protest wurde nämlich von juristisch und theologisch gebildeten Räten aufgesetzt, die imstande waren, Luthers Glaubenserlebnis als individuelle Tat zu verstehen und nachzuvollziehen. Sollte die Kirche aber allein von der Überzeugungskraft biblischer und vernünftiger Gründe abhängen, so war sie gezwungen, eine Art Bewegung zu werden. Die gleiche Überzeugung vieler war nur auf kollektivem Wege, durch Anschluß, zu erreichen. Die kollektive religiöse Aufgeregtheit des Spätmittelalters, die sich in Wallfahrten, Bußgängen, regem Besuch neuer Gnadenstätten äußerte, kam dieser Notwendigkeit der reformatorischen Kirchenbildung entgegen. Denn die „theologia crucis", die schließlich aus gelehrter Forschung entstanden war, erklärt schwerlich die Volksreformation; sie war wohl zu kompliziert und zu wenig reduktionsbeständig[125], um als ideeller Kern einer erst hervorzurufenden Volksbewegung zu dienen. Wenn ein Protagonist des Kults der Schönen Maria in Regensburg (1519), Balthasar Hubmeier, 1528 als überzeugter Täufer starb[126], so ist nicht auszuschließen, daß die intensive Heilssehnsucht der Zeit von Wundergläubigkeit auch in Bildersturm, in puristisch-moralische Lebensauffassung, in neue Gläubigkeit umschlug. Und als neukirchliche Gegenbewegung weist die Reformation definierbare Elemente von Revolution auf: Sie ist keine lokale Aufstandsbewegung wie die spätmittelalterlichen Ketzerrevolten. Die rasende Verbreitung der Ablaßthesen, die Flugschriften über das Wormser Auftreten Luthers treffen über Nacht auf ein interessiertes Publikum, die Reformation wirkt, weil das Volk Luther antwortet[127]. Der kleine Handwerker, der bisher seine Kerzen gestiftet und ein formalistisch gewordenes Wallfahrts- und Frömmigkeitsbrauchtum absolviert hat, will die Bibel verstehen und aus ihr leben. Der Buchdruck revolutioniert die Kommunikation, das religiöse Engagement für den unverfälschten Glauben wird plötzlich allgemein. Obwohl theologisch diffus, ergreift es den Einzelnen, trotz unübersteigbarer ständischer

[125] Reduktion auf eine massenwirksame Kurzformel (vgl. BRINKMANN S. 12) etwa in der Formel: Lehre des reinen Gottesworts.

[126] Vgl. Bernd MOELLER, Probleme des kirchlichen Lebens in Deutschland vor der Reformation. In: Probleme der Kirchenspaltung im 16. Jahrhundert. Hg. v. R. Kottje und J. Staber. Regensburg 1970. S. 16 ff.

[127] LORTZ I S. 204, 249 f., 353 f., ROSENSTOCK (1931) S. 218.

Schranken erfaßt es kollektiv — und das ist mehr als eine Sozialrevolution. Die kollektive Religiosität wurde umgeleitet und erneuert, zugleich erwachte ein starkes christliches Selbstbewußtsein: Schneidermeister[128] und Reichsritter[129] forderten die Theologen vom Fach zur öffentlichen Diskussion über den Glauben heraus. Die Disputationen fanden nicht mehr gemäß der akademischen Gepflogenheit des Spätmittelalters vor einem sachkundigen Publikum statt, sondern wurden zum Agitationsmittel in der konfessionellen Polemik und zum Rechtsmittel der religionsgebietenden Gewalten; diejenige Glaubenspartei, die sich jeweils stärker fühlte, setzte sie ein, um Anhänger zu gewinnen und dem Gegner öffentliche Niederlagen zu bereiten: Die Szene konnte zum Tribunal werden, so die Dominikanerkirche in Norden für den Zisterzienserabt Gerhard Schnell (1527); vor einem gemischten Publikum aller Stände legte sein neugläubiger Kontrahent Heinrich Rese zum Schluß demonstrativ das Mönchshabit ab[130]. Protestantische Prädikanten wie Christian Ketelhot in Stralsund griffen von Tragekanzeln aus den Gegner während der Predigt an; unbeliebte Prediger mußten sich neue Kanzeln unmittelbar unter dem Kirchengewölbe bauen lassen, um tätlichen Angriffen zu entgehen[131]. Die Regie wurde entscheidend; bezeichnend scheint, daß es in einer Universitätsstadt wie Greifswald zu einem geistigen Ringen zwischen den Glaubensparteien nicht kam: Die „Gruppen- und Machtverhältnisse", „das religiöse und politische Engagement" sind ausschlaggebend für den taktischen Einsatz der öffentlichen Diskussion, theologische Sachprobleme können hier nicht mehr neutral erörtert werden. Die Diskussionspartner erkennen keinen Unparteiischen mehr an und gehen im Grunde sehr bald von der Unvereinbarkeit ihrer Meinungen aus; sie suchen ein Forum zur Werbung und Selbstbestätigung.

[128] So Heinrich Witte 1519 in Stralsund das dort versammelte Provinzialkapitel der Dominikaner (mit 12 Doktoren). Der Disput endete noch mit einer Blamage Wittes. Vgl. Otto Scheib, Die Rolle der theologischen Diskussion bei der Einführung der Reformation in den vorpommerschen Hansestädten Stralsund und Greifswald. In: Wichmann-Jahrbuch für Kirchengeschichte im Bistum Berlin (1970) S. 17.

[129] Hans Landschad von Steinach (1522) beruft sich dafür ausdrücklich auf eigene Schriftlektüre: „und wiewol ich kein Gelerhter bin, so hett ich kain Scheu, in, den gelehrten Theologen und Doctores ... Antwort zu geben" (Benrath S. 266).

[130] Heinrich Schmidt, Die Reformation in Ostfriesland. Grundzüge ihrer Entwicklung bis 1540. In: Jahrbuch der Gesellschaft für niedersächsische Kirchengeschichte 69 (1971) S. 9 f.

[131] Scheib S. 18 ff., 25.

Bereits in ihrem Anfangsstadium also lief die Bildung der Konfessionen auf kollektive Abgrenzung und Unterscheidung hinaus. Ein zentrales Problem aller Reformatoren lag, rein formal gesehen, darin, ihrer für richtig gehaltenen Meinung den größtmöglichen Anhang zu verschaffen, denn es gab für sie keine institutionalisierte Sicherung der christlichen Wahrheit mehr. Es grenzt an aufklärerische Verkennung, das von Luther eingeführte Prinzip der Gewissensentscheidung nur als Vorstufe der letztlich unüberschreitbaren Autonomie des Individuums zu reflektieren. Denn jede christliche Konfession heischt unabhängig von ihrer subjektiv oder objektiv verstandenen Gründung oder Neubildung vermöge ihres allgemeinen, menschheitlichen Anspruchs Gefolgschaft, sofern sie nicht nur Gemeinde von Auserwählten sein will. Deshalb war es auch kein Rückfall ins Mittelalter (*Troeltsch*), wenn der Subjektivismus und Individualismus der Reformatoren, der an einigen Punkten sichtbar wurde, aber mit dem reformatorischen Bekenntnis zunächst wieder zu Ende war, in kirchlicher Verfestigung endigte; diese ergab sich vielmehr gerade aus dem das Mittelalter sprengenden Prinzip der Konfessionalisierung selbst. Denn paradoxerweise konnte die Wahrheit des eigenen Bekenntnisses, das gegen bisher verpflichtende Autorität gewonnen worden war, nur durch die Zurückstellung anderer möglicher Auslegungen, durch Inpflichtnahme des christlichen Denkens gesichert werden. Das Modell der uferlosen Individualentscheidung, das trotz gewisser Vorgegebenheiten eine fast unbegrenzte Bandbreite von Entscheidungsmöglichkeiten vorsieht, konnte nicht Prinzip protestantischer Kirchenbildung werden. Folglich kann ihr von dieser Art Subjektivismus auch keine mittelalterliche Rückständigkeit unterstellt werden; *Troeltschs* Subjektivismus-Begriff grenzt an die Auflösung der Konfession und kann deshalb nicht zum Maßstab ihrer historischen Bedeutung gemacht werden.

Gerade der Aufstand gegen die Autorität, die Alternative, zwischen Untergang und Überleben gestellt zu sein, drängte die Reformatoren zur Aktion, zum sofortigen Einsatz in Predigt und Lehre, wobei zunächst bis 1530 und dann wieder bis 1546 die Bedrohung des Luthertums durch den „linken Flügel der Reformation“[132], durch Sezession in der religiös-revolutionären Bewegung selbst, stark war; demgegenüber drohte doch das — literarisch so oft beschworene — mittelalterliche Bündnis von Kaiser und Papst zunächst mehr von fern. Luther, der zweifellos von seiner revolutionär entdeckten evangelischen Wahrheit gepackt

[132] Titel des Buchs von Heinold Fast. Bremen 1962. Vgl. H. Schmidt, Ostfriesland S. 15, 17.

war, hat es meisterhaft verstanden, seinem religiösen Anliegen das zeitweilige Bündnis mit den Humanisten, den Bauern, dem Adel, den Fürsten nutzbar zu machen und die Verbindungen immer dann abzubrechen, wenn sein Werk gefährdet schien. Deshalb sicherte sein radikaler Bruch mit Bauern, Täufern und Schwärmern gerade die evangelische Bekenntnisbewegung, er befreite sie von unnatürlichen Bundesgenossen, die das Evangelium weltlich auslegten; Luther stellte damit seine Theologie keineswegs bewußt in den „Dienst" der politischen Restauration, den die „Fürstenklasse" benötigte, sondern bewahrte seine Lehre gerade vor der altgläubigen Restauration[133]. Es ist ein grundlegender Mangel des Marxismus und der politischen Theologie, sich politische und religiöse Antriebe und Unterlassungen nur synchron denken zu können.

Die konfessionelle Revolution Luthers verdankte ihre Anhänger dem freiwilligen Zulauf theologisch Gebildeter, religiös Empfindender, sozial Unterdrückter und dem Zwang der Obrigkeiten; das Prinzip der Gemeindekirche, das der Bekenntnisbildung und der personalistischeren Auffassung des Christentums entsprochen hätte, setzte sich im Luthertum allerdings nicht durch[134]. Die reformatorischen Kirchen erhoben den Anspruch auf größere Rigidität und Geschlossenheit, als sie das Mittelalter für die Christenheit gekannt hatte; die neue Gemeinsamkeit sollte auf gleicher Gewissensüberzeugung gründen und immer wieder bewußt gemacht werden. Sie stieß traditionsbildend in alle Lebensbereiche vor. Bundesgenossen fand das konfessionelle Bewußtsein im erwachenden Gefühl nationaler und regionaler Eigenart; mit den Bildungsinstituten des Territorialstaats ging es eine enge Verbindung[135] ein, die bis heute nicht ganz gelöst worden ist.

[133] Dies gegen Müller-Streisand S. 107, die Luther sogar Bewußtsein seiner klassenkämpferischen „objektiven politischen Funktion" unterschiebt. Hermann Doerries, Luther nach dem Bauernkrieg. In: Ecclesia und Res Publica S. 122 f. betont, daß Luther aus einer theologisch autonomen Position beiden Seiten, Fürsten und Bauern, seinen „Gewissensrat" gab und nicht „Partei" wurde. S. oben S. 19 Anm. 44.

[134] Joh. Victor Bredt, Die Verfassung der reformierten Kirche in Cleve-Jülich-Berg-Mark. Bd. 2. Neukirchen 1938. S. 14 ff.

[135] Vgl. Ernst-Walter Zeeden, Die Entstehung der Konfessionen. Grundlagen und Formen der Konfessionsbildung im Zeitalter der Glaubenskämpfe. München Wien 1965. S. 8 ff., 81 ff. Es ist mit dem Sprachgebrauch „konfessionell" im Folgenden nicht die „Verfestigung" der „Bekenntnisse zu einem halbwegs stabilen Kirchentum" gemeint, sondern das Aufkommen der konfessionalen Option, wie es Zeeden ebd. in der Reaktion auf die protestantische Predigt sieht; vgl. Rosenstock (1931) S. 212.

3. Kirche und Säkularisierung

Es wird die These vertreten, daß die Reformation mit der Konfessionalisierung ein neues kollektives Organisationsprinzip heraufgeführt hat, das die moderne Partei- und Gruppenbildung des säkularen Bereichs in gewisser Weise vorwegnahm, das sich allerdings an den vielfach verschiedenen Rechts- und Standesunterschieden brach, das indes aber auch den Zwangsbeitritt einschloß, und zwar nicht nur aus äußeren Gründen. Wie verträgt sich dies mit der bekannten These von der „Einheitskultur" des Mittelalters, die je nach Konfession als gut oder schlecht, als wurzelhaft verrottet oder nur (vor-)reformatorisch verdorben eingeschätzt, stets aber als solche vorausgesetzt wird? Muß nicht die „gruppenseelisch" geprägte Welt des Mittelalters[136] vielmehr durch säkularistischen Individualismus überwunden worden sein?

Es kann hier nicht darum gehen, im Eilschritt das Mittelalter zu ergründen; es soll aber Kritik angemeldet werden an allen Versuchen, die Weltgeschichte dadurch auf den Begriff zu bringen, daß die Ablösung der Zeitalter unter den metahistorischen Vorzeichen dramatischen Ringens einander entgegengesetzter Grundprinzipien gesehen wird. Die Vorstellungen von Anfang und Untergang einer wahren christlichen Kultur, von Inkarnation der natürlichen Vernunft im Thesenanschlag, von der Tragödie der guten Klasse sind Arrangements des Geistes, die zu revolutionstheoretischen Kategorien werden und sich als solche selbst explizieren können. Sie versagen aber in der kausalen Erklärung der Tatsache, daß aus dem Mittelalter das konfessionelle Zeitalter wurde. Die Gründe für den Untergang der angeblich so geschlossenen geistlich-weltlichen Herrschaft können eigentlich nicht in ihr selbst liegen, sonst hätte sie nicht annähernd ein Jahrtausend bestehen können; zumindest wird nicht klar, warum sie dann nicht schon früher zerstört worden ist; ebenso hat das gleiche Ancien Régime jahrhundertelang ohne revolutionäre Gefahr existiert und war doch plötzlich grundlegend in Frage gestellt[137]. Auch die vorreformatorischen Krisenphänomene waren nicht so überwältigend, daß Zusammenbruch und Neuordnung zwangsläufig daraus folgen mußten: Anhand einer einzigen Quellensammlung können seit 1440 über ein Dutzend kleinerer Bauernaufstände mit ähnlichen konkreten sozialen Problemen wie der Bauernkrieg von 1524 aufgezählt werden[138], die länd-

[136] Adolf LEINWEBER, Gibt es ein Naturrecht (= Hamburger Rechtsstudien 53). Hamburg 1965. S. 70 ff.

[137] Vgl. Rudolf STADELMANN, Soziale und politische Geschichte der Revolution von 1848. München 1948. S. 2.

[138] Vgl. Günther FRANZ (Hg.), Quellen zur Geschichte des Bauernkrieges

lichen Unruhen flackerten z. B. in Schweden und Österreich im 16. und 17. Jahrhundert weiter; die ökonomische Krisenerscheinung des Preisanstiegs tritt in Mitteleuropa erst nach der Reformation ein[139]. Auch die vieldiskutierte Frage nach den kirchlichen Mißständen läßt sich nur auf eine sehr differenzierte Weise beantworten[140]; sozialer Zündstoff lag wohl am ehesten im „geistlichen Proletariat“[141] des niederen Klerus, der in schlechter finanzieller und gesellschaftlicher Stellung lebte. Die fetten Pfründen liefen an der Schar kleiner Altaristen, Küster, Schreiber, die oft verheiratet waren und nur die niederen Weihen hatten, vorbei und gingen an die bürgerlichen Stadtpfarrer, die adligen Stiftsherren und Kapitulare. Von einer drückenden geistigen, sozialen und politischen Bevormundung der niederen Volksklassen durch den Priesterstand kann schon deshalb keine Rede sein, weil der Welt- und Ordensklerus Menschen ganz verschiedener sozialer Herkunftsklassen umfaßte: der niedere Klerus rekrutierte sich aus den städtischen Mittelschichten, der Pfarrklerus aus den gehobenen Schichten des Bürgertums, Domkapitel und Stifter aus dem gehobenen Bürgertum, aus dem niederen und hohen Adel. In den Klöstern lebten bürgerliche Mönche mit Laienbrüdern und Familiaren, d. h. Lohnarbeitern zusammen, die aus den niedrigeren Schichten der Land- oder Stadtbevölkerung stammten und zu klösterlichen Wirtschaftern, Handwerkern, Förstern und Vögten aufsteigen konnten. Sicherlich wird es hier soziale Spannungen gegeben haben, aber ohne unzulässige Idealisierung läßt sich doch sagen, daß diese klösterlichen Wirtschaftsgemeinschaften über Jahrhunderte hinweg verschiedene Standes- und Klasseninteressen integrierten und nicht etwa notwendig einer frühbürgerlichen Revolution erlagen[142]. Die

(= Ausgewählte Quellen zur deutschen Geschichte der Neuzeit 2) Darmst. 1963. S. 9—81.

139 Wilhelm Abel, Geschichte der deutschen Landwirtschaft vom frühen Mittelalter bis zum 19. Jahrhundert. 2. Aufl. Stuttg. 1967. S. 132, 182 ff.

140 Vgl. Lortz I S. 75—111; Moeller, Probleme des kirchlichen Lebens S. 26.

141 Grisar I S. 37 führt den Ausdruck auf Joseph Edmund Jörg zurück. Vgl. dazu August Franzen, Zölibat und Priesterehe in der Auseinandersetzung der Reformationszeit und der katholischen Reform des 16. Jahrhunderts (= KLK 29). Münster 1969. S. 15, 21 f., 64 f. Zahlen bei August Brecher, Die kirchliche Reform in Stadt und Reich Aachen von der Mitte des 16. bis zum Anfang des 18. Jahrhunderts (= Reformationsgeschichtliche Studien und Texte 80/81). Münster 1956. S. 34 ff.

142 Vgl. Heinrich Grüger, der Nekrolog des Klosters Heinrichau (ca. 1280—1550). In: Archiv für schlesische Kirchengeschichte 31 (1973) S. 54, 58, 68 f. Heinrichau bestand bis 1811.

Theorie, wonach Luther nur die Zündschnur ans Pulverfaß legen mußte[143], ist unrealistisch und macht die „Einheitskultur" zum dramaturgischen Kontrapunkt im revolutionären Welttheater.

Es erscheint sinnvoller, das 15. Jahrhundert so zu nehmen, wie es war, statt erst nach Entartungszügen zu suchen, die dann revolutionäre Erscheinungen nach sich ziehen mußten. Eigentlich ist in dieser Zeit für die Einheit der Kirche ein enorm hoher Preis gezahlt worden. Wir erfahren von einer heute fast unvorstellbaren Pluralität der kirchlichen Organisationen; es gab hundert Rivalitäten zwischen Papst und Reichskirche, zwischen konziliaren und papalen Strömungen, zwischen Welt- und Ordensklerus, zwischen den Orden selbst, innerhalb der Orden und Bistümer und selbst innerhalb der Kapitel; Klöster lehnten Visitationen durch den zuständigen Episkopat ab, Domkapitulare verhängten gegen Orden Interdikte wegen Abgabenverweigerung. Es herrschte eine Vielfalt von Schul- und Lehrmeinungen an den Universitäten, die von der Mystik zum Realismus, Nominalismus, Scholastizismus und Humanismus reichten, und diese geistige Vielfalt wurde durch die Bindung der Universitäten an die Kirche, die sie dem Zugriff der lokalen Gewalten weitgehend entzog, nicht verhindert[144]. Päpste wurden ein- und abgesetzt und regierten nebeneinander, die papalen Hierarchie-Theorien der Kirche waren weniger von der christlichen Theologie her geboten als ein Erbe des Hellenismus und des Römischen Rechts.

Das Christentum hatte den germanischen Reichen keineswegs eine ihm wesenhafte Theokratie aufgedrängt[145], sein Verhältnis zur Welt und zum weltlichen Recht war von Ausschließlichkeitsansprüchen im säkularen Bereich nicht diktiert gewesen. Der Konziliarismus hatte Vorstellungen von politischer Repräsentation Raum gegeben, bereits vor der Rezeption des Aristoteles hatten die Väter ein natürliches Recht anerkannt, und Johann von Salisbury hatte lange vor Macchiavelli und vor dem Renaissancedenken den Staat als legitimen Ort politischer Handlungskunst entdeckt[146]. Staatsrechtliche Modelle und Grundsätze wie das Konsensprinzip des

[143] HALLER S. 30, 9, vgl. GRISAR I S. 42.

[144] Vgl. Jacques LE GOFF, Les intellectuels au moyen âge. Paris 1969. S. 80.

[145] So OAKLEY S. 9 f., 16, 20—23 gegen Walter Ullmanns Konstruktion eines wesenhaften Gegensatzes zwischen unnatürlicher kirchlicher Theokratie und natürlichem germanisch-rechtlichem Konstitutionalismus.

[146] Vgl. Gaines POST, Studies in Medieval legal Thougt. Public Law and state, 1100—1322. Princeton N. J. 1964. S. 494 ff., 162 ff., 532 f.; Georges de LAGARDE, La Naissance de l'esprit laïque au déclin du Moyen Age. I Paris 1948. S. 61 ff., 130 ff.

„Quod omnes tangit“ wurden von Kanonisten und Romanisten vermittelt und flossen ein in die Handlungsweise korporativer Institutionen[147]; auf sie griff auch die legistische Begründung der Königsherrschaft zurück. Die naturrechtliche Substanz des Staates wurde nicht als Gefährdung der mittelalterlichen Kirchlichkeit empfunden; die Verwaltungen und Institutionen der Staaten wuchsen im Spätmittelalter ungehindert. Natürliche und kirchliche Rechte standen in einem dynamischen und verschiebbaren Spannungsgefüge. Weltliche Gewalt war aber nicht dadurch zu definieren, daß sie der „Konzeption eines christlich geordneten Kosmos“ widerstrebte, sondern sie entsprang der fundamental angesetzten Differenz zwischen geistlicher und temporaler Gewalt im nachantiken, eben nicht mehr als Kultstaat aufzufassenden „Regimen christianum“[148]. In der Zuordnung von Kirche und Welt schwang stets die Reflexion auf das Eigenwesen des Staates mit, genau wie umgekehrt die Einbeziehung der Kirche in die vorbildliche Ordnung des Gemeinwesens — etwa im „Defensor pacis“ — das Eigenwesen der kirchlichen Potestas und Jurisdicto nicht auflösen mußte[149]. Selbst die „integristische“ Doktrin des Papalismus, die ja nur eine der kirchenrechtlichen Theorien ist, hat die Gründung der staatlichen Eigengewalt auf Gott und das Volk nicht zensuriert. Kirche und Welt gewannen die Bedingung ihrer Freiheit nicht aus vordergründiger Identität, sondern aus ihrer zukunftsbezogenen ontologischen Zuordnung und institutionellen Trennung; das Wissen um ihre letztlich in Gott koinzidierende Zielrichtung ließ den christlichen Optimismus zu.

Dies vertrug sich durchaus mit moralischem Laxismus, mit ekklesiologischer Unbestimmtheit und theologischer Richtungsvielfalt. Das Wahrheitsverständnis war eben auch ein formales und pragmatisches, ein christlicher Basiskonsens darüber, daß Papst und Konzilien die Wahrheit verbürgten, Gott und die ewige Vernunft bei der Tradition und der Gegenwart der Kirche stünden.

[147] Ralph E. Giesey, „Quod omnes tangit“ — a post scriptum. In: Studia Gratiana XV. Hg. v. J. Forchielli, A. Stickler. Rom 1972. S. 322 ff. glaubt das Prinzip von Occam bis zum Staatsraison-Begriff Meineckes verfolgen zu können, vgl. auch Post S. 250 ff., Joseph R. Strayer, On the medieval origin of the modern state. Princeton N. J. 1970.

[148] Wilhelm Kölmel, Regimen christianum. Weg und Ergebnisse des Gewaltenverhältnisses und Gewaltenverständnisses (8.—14. Jahrhundert). Berlin 1970. S. 606—625, 614 f.

[149] Lagarde III (1970) S. 260—269, 380 f. Felix Flückiger, Geschichte des Naturrechtes. Bd. 1. Zürich 1954. S. 456 ff. Vgl. Jürgen Voss, Das Mittelalter im historischen Denken Frankreichs. München 1972. S. 295 ff.

Gegenüber dem integralen und pluralen Selbstverständnis der mittelalterlichen Kirche, das sogar Verdunkelung wesentlicher Wahrheiten in Kauf nahm, vollzog Luther im Namen seiner Theologie den entscheidenden Schritt, als er die Autorität der Kirche formal in Frage stellte[150]. Dies folgte nun nicht nur aus der revolutionär strukturierten Form seiner selbstbewußten Reklamation der ganzen Wahrheit, sondern auch aus der leichtfertigen Art und Weise, in der diese Autorität vorging. Sie wollte Luther, dessen christlicher Ernst als unliebsame Quertreiberei verkannt wurde, mit dem Mittel des Ketzerprozesses schnell und sicher zum Schweigen bringen; in ihrer bedrohten Situation ließ die Kurie das Gespür für die richtige Alternative vermissen, als sie darauf verzichtete, den Mönch und seine Volksbewegung durch Entgegenkommen herüberzuziehen, seine Theologie einzubauen. Statt dessen handelte sie so, als besitze sie in Deutschland Macht genug, die aufkommende Unruhe, die durch die Gravamina lange verbreitet war, zu unterdrücken. Während Eck noch eine Art Konfrontation glaubte eingehen zu können, wurde der „Autoritätsverlust" Roms allgemein und die „Machtdeflation" der Kurie offenbar; obzwar längst vorhanden, wurde die „prinzipielle Obedienzkrise" im Ver-

[150] „Revolution in bezug auf die Kirche, ihre Autorität und ihren Apparat": so Adolf Harnack (zit. nach Kohls, Bild S. 281 Anm. 65) und Dict. Théol. cath. 13, 2 Sp. 2039. Vgl. P. Kalkoff, Die Depeschen des Nuntius Aleander vom Wormser Reichstage 1521. Halle 1886. S. 16. Die Reichsstände halten Luther in Worms 1521 VI 3 vor, die Konzilsväter hätten immer Autorität gehabt, auch wenn sie „diversa, gesunderte dinge, geschrieben ... je nachdem sich die leuf, gelegenheit und haltung der cristenheit erzeugt, demnach haben si ordnungen gesetzt ... Also mit den satzungen der concilien, die nach gelegenheit und notturft jederzeit den Cristen in ceremoniis, in geistlichs wesens ordnungen, und anderm minderung, merung gethon haben sind weder inen selb noch evangelio widderwertig, aber gesundert"; Luther ist „ein exempel gegeben worden mit des reichs ordnungen, die auch nach der zeit und gelegenheit der leuf etwa mit merung, etwa minderung, etwa ganzer anderung geordnet werden, dergleichen von gewonheiten, die geschriebenen rechten widderwertig." Luther antwortet auf die Gewissensfrage, ob „er je uf sein eigen kunst sovil vertruwen setzen und ergernuss, scandalum, nit achten" will, daß „das wort gottes ... nit angebunden, solt fri ston, solt auch menschlichem urtheil nit vertraut werden". Indem Luther gegen die Kontrolle seiner „evangelischen warheit" sich wendet, setzt er Menschensatzung und Wahrheitsgewißheit der Kirche auf eine Stufe (RTA JR 2 [1896] S. 614—616). Vgl. auch Carlyle S. 123, 136 f., Heinrich Bornkamm, Luthers geistige Welt. Gütersloh 4. Aufl. 1960. S. 44.

folg der „causa Lutheri" akut[151]. Es gelang nicht mehr, den Kirchenbann als Reichsachtfall zu vollstrecken, die geistliche Waffe des Interdikts hatte sich in den Zwisten zwischen geistlichen und weltlichen Lokalgewalten abgenutzt. Wenn auch Luther anfangs nicht im Sinn hatte, das System zu zerstören, er gewann so mächtige Anhänger, daß er über Systemwandel hinausgehen und den Aufbau einer neuen Kirche auf seinem Bekenntnis wagen konnte. An der — bis dahin gänzlich unbekannten — Universität Wittenberg fanden die reformatorischen Führer Widerhall; in der Folge bildeten die protestantischen Universitäten die Rekrutierungsbasis einer neuen kirchlichen Elite[152]. Reformen der ersten Stunde unterblieben, dies trieb die Reformation über Reform und über die Vorstellungen der ersten Helfer aus Humanistenkreisen hinaus[153]. Die Reformation gewann ihre ersten Erfolge auch aus dem unerfüllten Bedürfnis nach Reform. Die Beseitigung von Mißständen wurde in einer emotional geladenen Atmosphäre nicht in Angriff genommen, und erst diese Unterlassung, nicht die Mißstände selbst, führte in ihrer Konsequenz zur Zertrümmerung der sichtbaren Kirche.

Die revolutionäre Aufkündigung des Basiskonsenses war aber auch ein inhaltliches Problem. Es ist doch fraglich, ob die Lehre von der Rechtfertigung durch den Glauben allein in ihrer Konsequenz mit der Theologie der alten Kirche zur Deckung zu bringen war[154]. Der Pessimismus, das Sündenbewußtsein, der ontologische Agnostizismus der neuen Lehre bedeuteten auch eine Absage an das komplizierte Vermittlungsverhältnis von Natur- und Kirchenrecht, an rationale, finale, ethische Möglichkeiten von Übereinstimmung zwischen Transzendenz und Diesseitigkeit. Im Protestantismus verantwortet fortan das religiöse Gewissen allein die Zuwendung zur Welt, die Welt ist selbst kaum mehr Grund für ein Handeln in ihr[155]. Gerade die reformatorische Innerlichkeit konnte

[151] Borth, passim.

[152] Vgl. Preconditions of Revolution S. 14.

[153] Butzer fand die altgläubige Reformbereitschaft im Bistum Köln 1543 den eigenen Absichten sehr undienlich (Franzen, Wied S. 86, 90), ähnlich Melanchthon (ebd. S. 110); über die Bedeutung der Reformen im Hochstift Würzburg (1466—1540) vgl. Wilhelm Oettinger, Pfarrerschicksale in der Zeit der Reformation und Gegenreformaton. In: Blätter für württembergische Kirchengeschichte 72 (1972) S. 153 f.

[154] Dies mit Klaus Rischar, Johann Eck auf dem Reichstag zu Augsburg 1530. Münster 1968.

[155] Vgl. Link S. 371—373, 382, 385. Ernst-Wilhelm Kohls, Die Deutungen des Verhaltens Luthers in Worms innerhalb der neueren Historiographie. In: Archiv für Reformationsgeschichte 63 (1972) S. 56 f., 65 f., 69. Anders Haller S. 17, 23, v. Schubert S. 19 f., 32.

allerdings z. B. in der Berufsethik in eminente äußere Aktivität umschlagen; blieb nur die zentrale Erlösungswahrheit gesichert, so war sie mit ganz verschiedenen sozialen und philosophischen Aussagen verknüpfbar. Ohne eine neue, den ganzen Menschen auch in seinem weltlichen Tun affizierende religiöse Parteinahme[156] hätten die Fürsten ihre Glaubenskriege nicht führen können. Wurden die Institutionen dieser Welt zu Ordnungen, die Gott will, um den öffentlichen Sieg der Sünde zu verhindern, so erscheint es problematisch, sie in ein positives Säkularisationsverständnis einzubeziehen, das von der Befreiung des neuzeitlichen Menschen zur Selbstbestimmung ausgeht, und von daher eine Zeitenwende zu behaupten.

II. Reformation und Territorium

1. „Mittelalterlicher" Konfessionsstaat

„Luther wollte die Seele befreien, aber seine Tat wirkte umwälzend und befreiend hinüber auf das gesamte Leben. So wurde Luther auch zum Staatsbefreier, und die moderne Staatsidee, beruhend auf Diesseitigkeit, Souveränität und Selbstbestimmung des zur großen geistigen Persönlichkeit sich auswachsenden Staates, verdankt ihm Großes". So beginnt F. *Meinecke* seinen Luther-Aufsatz von 1919; er beendet ihn mit dem Satz, daß Luther nicht durch einen „christlichen Staat" habe „christliche Menschen" schaffen, sondern einen „christlichen Staat" auf die Entscheidung „christlicher Menschen" habe aufbauen wollen[157]. *Meinecke* glaubte damit einen Kompromiß zwischen zwei Anschauungen gefunden zu haben, die die Reformation als Vorstufe der ‚modernen' sittlichen Staatspersönlichkeit reklamierten: Der Staat der Reformationszeit hatte zwar mit Luthers Gewissensreligion den Weg zur „säkularen Sittlichkeit", zum sittlichen Staatsbewußtsein der Kulturnation eingeschlagen, aber dieses Prinzip selbst noch nicht voll verwirklichen können; obwohl er die Organe der geistlichen Gewalt entmachtet hatte, war er doch christlicher Staat und damit dem christlichen Mittelalter und dessen Internationalismus zugehörig geblieben[158]. Zur Durchführung der Reformation hatte der Fürst als Amtmann

[156] Der alten Kirche wurde gerade die Vermischung des göttlichen Worts „mit dem Haiden Aristoteli" vorgeworfen (Benrath S. 266).

[157] Friedrich Meinecke, Luther über christliches Gemeinwesen und christlichen Staat. In: HZ 121 (1919) S. 1, 22.

[158] Walter Sohm, Territorium und Reformation in der hessischen Geschichte 1526—1555 (= Veröffentlichungen der Historischen Kommission für Hessen und Waldeck 11, 1). 2. Aufl. Marburg 1957. S. XXII, XXV, 178 f.; Troeltsch S. 45.

Gottes und weltliche Obrigkeit mit subsidiärer geistlicher Funktion herangezogen werden müssen; dies wurde auch von Forschern wie Justus Hashagen in die Tradition mittelalterlichen Gottesgnadentums und der „mittelalterlichen theokratischen Auffassung vom Fürstenamt"[159] gestellt: Die Reformation habe ohne die mittelalterliche Reaktivierung des schützenden weltlichen Arms nicht auskommen können. Im einzelnen versuchte man nachzuweisen, daß die reformierenden Territoritalherren sich der kirchenhoheitlichen Funktionen und Institute bedient hätten, die ihnen im Spätmittelalter zugewachsen waren.

In der Tat ist der Katalog vorreformatorischer Einflußnahmen auf Bistümer, Universitäten, Stifter, Klöster und Pfarrklerus des territorialen Einzugsbereichs eindrucksvoll: Viele Fürsten handhabten den ursprünglich königlichen Auftrag der „advocatia ecclesiae", sie suchten die Bistums- den Landesgrenzen anzugleichen, den Hochstiften die Reichsunmittelbarkeit zu verwehren. Sie bauten eigene vasallitische Bande gegenüber den Bischöfen ihrer Territorien ab, schränkten Geltungsbereich und -gegenstände der bischöflichen Jurisdiktion ein. Sie nutzten die Schutzbündnisse mit den Hochstiften zur Überwachung von deren Besitz und Transaktionen aus, kauften sich über Patronate und Stiftungen in die Aufsicht über Finanzen, Kult und Seelsorge der geistlichen Institute ein, intensivierten und zentralisierten in ihrer Hand Schutz- und Schirmvogteien. Sie unterstützten die niedere Geistlichkeit gegen päpstliche Steuerforderungen, machten materielle Zuwendungen Dritter an die Stifte von ihrem landesfürstlichen Konsens abhängig[160]. Ließ sich nun ein gleiches staatsrechtliches Verhalten nach 1519 beobachten[161] und wußte man um den etatistischen Konservatismus Luthers, dann waren die Akten über dem Problem schnell

[159] v. SCHUBERT S. 23 f., 25, Justus HASHAGEN, Staat und Kirche vor der Reformation. Eine Untersuchung des vorreformatorischen Laieneinflusses in der Kirche. Essen 1931, Hans LEHNERT, Kirchengut und Reformation. Eine kirchenrechtsgeschichtliche Studie. Erlangen 1935. S. 13 f., 129 ff.

[160] Vgl. Johanna NAENDRUP-REIMANN, Territorien und Kirche im 14. Jahrhundert. In: Hans Patze (Hg.), Der deutsche Territorialstaat im 14. Jahrhundert. I (= Konstanzer Arbeitskreis für mittelalterliche Geschichte. Vorträge und Forschungen 13). Sigmaringen 1970. S. 151 ff.

[161] Dies führte eben HALLER S. 27—30, 16 zu dem Widerspruch, einerseits anzunehmen, die Fürsten seien schon lange vor der Reformation „Herren über die Kirche" gewesen, andererseits zu behaupten, die Reformation habe erst die Menschheit vom „sinnlichen Zauber" der mittelalterlichen Religion erlöst und einer höheren Zivilisationsstufe zugeführt.

geschlossen: Reaktion oder Kontinuität von Anfang an. Dem Konfessionsstaat konnte ein Historiker wie *Meinecke* aber nur deshalb Mittelalterlichkeit zuschreiben, weil er eine ‚moderne' Staatsauffassung hatte. Ein laizistisches Verständnis vom neuzeitlich-fortschrittlichen Staat stand stets hinter der Rückwärtsdatierung der Reformation.

2. Reformatorische Legitimität

Wir stellen die These auf, daß die religiöse Prägung von Zeitaltern wie Mittelalter und früher Neuzeit Brüche zwischen den Zeiten nicht ausschließt. Der Protestantismus ist bei seiner Entstehung etwas Neues gewesen, und er ging auch in den Aussagen seiner Staatslehre neue Wege. Vorbehaltlich des ganzen diffizilen Forschungsstandes über Luthers Regimenterlehre läßt sich sagen, daß der Reformator keine eigentliche Verfassungstheorie hinterlassen hat; natürliche Elemente, Phänomene und Gliederungen der Staatsordnung treten in seinem spezifisch theologischen Denken zurück, die mittelalterliche Tradition einer materialen Staats- und Verfassungslehre wird in begrenztem Umfang von Melanchthon und im eigentlichen Sinne erst von den Calvinisten und Monarchomachen wiederaufgenommen. Dennoch entwickelte Luther neue und bestimmte Vorstellungen, die von dem Hintergrund seiner Ausnahmesituation wohl nicht völlig ablösbar sind, über Obrigkeit, Widerstand und Aufruhr: Obrigkeit und weltliches Herrscheramt sind von Gott eingesetzt, um diejenigen, die vom christlichen Glauben an das Wort Gottes innerlich nicht überzeugt sind, doch zu frommem und gerechtem Wandel vor der Welt zu zwingen[162]. Selbst gegen einen Tyrannen ist Aufruhr nicht erlaubt, er wäre ein Eingriff in Gottes ureigenes Recht, den von ihm bestellten Tyrannen auch selbst zu bestrafen. Die tyrannische Herrschaft muß ertragen werden, weil Gott sie den sündhaften Menschen als Prüfung auferlegt[163]. Amt und Obrigkeit sind für Luther alles andere als zweckrationale Staatsnotwendigkeiten, sie werden eigentlich erst von der Funktion her konstituiert, Gottes Heilsplan zu ermöglichen und die Verkündung des Worts zu gewährleisten[164]. Dieser aus-

[162] Vgl. EVANGELISCHE STAATSLEHRE S. 57 f., 51 ff., SOHM S. 17 f.

[163] Vgl. EVANGELISCHE STAATSLEHRE S. 79.

[164] EBD. S. 12—18. Allerdings kennt auch Luther Vernunft und Natur als Rechtsgrundlage der Staatsorganisation (EBD. S. 68), aber gegenüber dem mittelalterlichen kirchlichen und Römischen Recht ist dieser Gesichtspunkt weniger ausgeprägt. MEINECKE S. 4 f. hat doch schon im Grunde zu recht geltend gemacht, daß der Staat bei Luther hinter Amt, Beruf, Stand zurücktritt, wenn auch Meinecke seinen Staatsbegriff dieser Aussage zugrundelegt.

schlaggebenden Aufgabe dürfen sie aber keinesfalls untreu werden. Und hier liegt die Wurzel des lutherischen Widerstandsrechts, das eigentümlicherweise konkrete Substrate und ideale Bezugspunkte kaum kennt: Die Kategorien Volk, Konsens, Interesse, Gemeinwohl fehlen oder sind nur sporadisch antreffbar. Aufruhr ist dann zutiefst geboten, wenn der „Magistrat" ausfällt und die Bevölkerung „Ungerechtigkeit" leidet[165], aber auch dann, wenn eine herrschende legitime Obrigkeit wie der Kaiser sich zum Handlanger der päpstlichen „Abgötterei" macht[166]; und wenn auch Aufruhr gegen die Tyrannen allgemein verboten ist, so darf man sich doch den Papisten, die die Gerechtigkeit umstürzen und damit selbst „Aufruhr" begehen, nachdrücklich widersetzen[167]. Nicht daß man Glied eines bestimmten, durch Gewaltherrschaft gestörten politischen Systems ist, berechtigt zum Aufruhr, sondern das christliche Gewissen. Die Fürsten brauchen dem Kaiser nicht zu weichen, weil sie ein ständisches Widerstandsrecht haben, sondern weil sie wie er Christen sind, und sie „müssen dem Tyrannen im Hinblick auf die erste Tafel Widerstand leisten"[168]. Mit dem Aufruhr gegen „Abgötterei" identifiziert sich auch Luther, der sonstigen Widerstand und alle Privatrache ausschließt, um seines Seelenheils willen. Er-

165 „Der Magistrat soll Verteidiger der Gerechtigkeit... sein. So muß man Widerstand leisten dem, der in ungerechter Weise Gewalt anwendet, mit Hilfe des Rechts wegen der notorischen Ungerechtigkeit ... Aber weil kein Magistrat da ist, so ist [nötig] das Handeln der Bevölkerung, und ein jeder muß ihn töten [den Seelenmörder Papst] ... Wenn ich das allein wehren könnte, so wollte ich wohl Aufrührer [seditiosus] werden ... Ehe ich meine Seele wollt lassen in die Hölle fahren, ich wollte eher dran stecken, was ich hätte und einen Aufstand machen" (Evangelische Staatslehre S. 81).

166 „Da der Kaiser uns will überziehen und bekriegen, so tut er es nicht für sich, von Amts wegen, sondern um des Papstes willen, an dessen Statt, der sich untersteht, des Papstes Tyrannei und greuliche Abgötterei zu verteidigen" (ebd. S. 80 f.). Vgl. Karl Ferdinand Stolzenau, Die Frage des Widerstandes gegen die Obrigkeit bei Luther zugleich in ihrer Bedeutung für die Gegenwart. In: Luther und die Obrigkeit. Hg. v. G. Wolf (= Wege der Forschung 85). Darmst. 1972. S. 261: „Recht und Pflicht zur Revolution" entstehen gegenüber den Verbündeten des widerchristlichen Prinzips.

167 „Gegenwehr" gegen die aufrührerischen „Bluthunde", die Obrigkeit und Recht „unterdrücken" und eigenes Recht erlassen wollen, kann nicht „aufrührerisch sein. Denn die Papisten fangen an und wollen kriegen und nicht Friede halten noch den anderen [den Frieden] lassen, ... daß also die Papisten dem Namen und der Tugend, die Aufruhr heißt, viel näher sind" (Evangelische Staatslehre S. 79 f.).

168 Ebd. S. 80 (allerdings erst 1539). Stolzenau S. 242 ff.

zwingt der Fürst den Anschluß an den Papst, so darf der Untertan mit Gehorsamsverweigerung antworten[169].

Wo das Wort Gottes auf dem Spiel steht, ist alle Legitimität außer Kraft gesetzt, und zwar notwendig, weil die Legitimität selbst von Gott kommt. Das harmonistische Grundmodell aller staatlichen Ordnung führt radikales Engagement herauf, wenn das Evangelium, dessen rechte Befolgung allen Patriarchalismus und Harmonismus erst garantiert, gefährdet ist. Ein naturgegebenes Recht hielt und hält die Verrottung der Welt nicht auf. Die Revolution hat ihr Recht in der Durchsetzung und Verteidigung der evangelischen Wahrheit. Wo aber diese Wahrheit durchgesetzt ist, kann es keinen Grund zur Klage geben, ist Sistierung am Platz[170].

169 Evangelische Saatslehre S. 76 f.

170 Falls es richtig ist, F. Julius Stahls starres Legitimitätsprinzip, das liberale Änderungen ausschließt, auf Luther-Rezeption zurückzuführen (so Dieter Grosser, Grundlagen und Struktur der Staatslehre Friedrich Julius Stahls. Opladen 1963. S. 131, 41—43, ähnlich Strunk S. 189 ff., anders Otto Volz, Christentum und Positivismus. Die Grundlagen der Rechts- und Staatsauffassung Friedrich Julius Stahls. Tübingen 1951. S. 139, 104, 105 Anm. 1), so müßten sich auch Möglichkeiten ergeben, Stahl als konservativen Revolutionär, nicht nur als Apologeten des „Untertanengehorsams" (Grosser) zu deuten. Gerade indem er „Autorität" und „Freiheit" intensiv vermittelt, nicht als Teile einer irgendwie naturrechtlich gearteten Hierarchie trennt, die aus ihrem jeweiligem Eigenstand nur aufeinander bezogen wären, wird der Konflikt zwischen der „höheren Ordnung" und dem Subjekt (zit. nach Strunk S. 189 f.) innerlich so unwahr wie der Aufstand der Nicht-Revolutionären in der Revolution gegen die Autorität der Revolution. Was geschieht bei Stahl, wenn seine Legitimität so grundstürzend gefährdet wird wie bei Luther das Christentum? Jedenfalls ist ihm aller „Dualismus" suspekt und er bevorzugt mit Louis Blanc gegen die wechselnde „Herrschaft der Mehrheiten" die Herrschaft einer Gewalt: „Ein Dualismus der Gewalt ist nicht möglich. Dieses Naturgesetz, aus welchem Louis Blank im Interesse der Demokratie und andere Schriftsteller im Interesse der Monarchie die Unmöglichkeit jedweder constitutionellen Monarchie darzuthun unternehmen, ist unbestreitbar" (Stahl, Reden. Aus den Verhandlungen der preußischen Ersten Kammer und des Volkshauses des Deutschen Unions-Parlaments 1849 und 1850. Berlin 1850. S. IX). Stahl begründet seinen Legitimitätsbegriff nicht pragmatisch: „Legitimität bedeutet letztlich nicht ‚Dauer und Geschichte' sondern Ableitung eines ‚göttlichen Rechts' aus einem geschichtlichen Ereignis, das auf ‚göttlicher Fügung' beruht und daher Gottes Willen offenbart" (Volz S. 84, 128). Die durch „göttliche Fügung" eingesetzte Dynastie, der Staat als Tat Gottes (Volz S. 80, 82 f.) könnten aus der Neubesinnung auf ihre ursprüngliche göttliche „Ermächtigung" (ebd. S. 109, 131) gegen alle liberale Kränkung (die von Stahl Revolution genannt wird) ihr revolutionäres Recht gewin-

Die Frage der handelnden Instanz spielt für den evangelischen Legitimitätsbegriff letztlich eine untergeordnete Rolle. Aufruhr und Gehorsam, die zielbewußte und unbeirrbare Durchführung der Reformation von oben stehen stets im Dienst der Wahrheit, die ein christliches Zusammenleben der Menschen fundamental sichert[171]. Die Fürsten sind zur Durchführung der Reformation aufgerufen, sofern sie nur gute Christen sein wollen.

3. Die reformatorischen Absichten der Territorialherren

Luther konnte seine Theologie bereits vor und während ihrer schriftlichen Fixierung gegenüber hohen fürstlichen Personen wie Kurfürst Friedrich dem Weisen, Landgraf Philipp von Hessen, Herzog Georg von Sachsen in mündlicher Unterredung oder brieflich vertreten — ein bemerkenswertes Phänomen in einer angeblich so unmodernen Zeit. Es könnte eine Wirkung von ihm ausgegangen sein, die seine Gesprächspartner unabhängig von deren theologischem Bildungsstand faszinierte. Sicherlich ist noch nicht genug exakte Motivforschung getrieben worden, um die Einzelentscheidungen der deutschen Territorialfürsten für oder gegen die Reformation auszuleuchten[172]. Die politischen, wirtschaftlichen, dynastischen und religiösen Gründe, nicht zu vergessen Gleichgültigkeit und Interesselosigkeit, reichen nicht aus, die doch beeindruckenden Erfolge der Reformation in den Territorien befriedigend zu erklären. Auch waren es weder das jugendliche Lebensalter noch der

nen und gegen evolutionäre Veränderung einsetzen. Ergab sich wirklich ein Gegensatz der restaurativen Tendenz zu „Demokratie und Revolution", wenn Stahl seine christliche Staatsverfassung „aus einer analogen Übertragung angeblich urchristlicher Herrschaftsstrukturen von der Kirche auf den Staat" (Schrey S. 50, 48) gewann? Sind nicht Revolution und Gegenrevolution in ihrer theoretischen Struktur gleichläufig?

171 Es wird die Auffassung vertreten, daß es eine Revolution von oben gibt, weil der Anschluß an ein revolutionäres Wahrheitsbewußtsein nicht von der Verteilung der Gewalten im Staat in erster Linie abhängen kann und durch eine soziologische Fixierung auf Volk oder Unterschichten in seiner Motorik selbst behindert würde. Friedrich Schlegel nennt Revolution von oben die „so viele alte Institute vernichtende Zerstückelung und Verschleuderung des Reichs von 1803" (Otto Ladendorf, Historisches Schlagwörterbuch. Straßburg Berlin 1906. S. 271 f.). Vgl. Fritz Stier-Somlo - Alexander Elster, Handwörterbuch der Rechtswissenschaft. Bd. 5. Berlin Leipz. 1928. S. 125.

172 Zuletzt Hans Wolter S. J., Die Haltung deutscher Laienfürsten zur frühen Reformation. In: Archiv für mittelrheinische Kirchengeschichte 24 (1972) S. 83—105, der auf den Mangel an befriedigenden Biographien über Fürsten des Reformationszeitalters hinweist.

Einfluß der Räte noch Renaissance-Haltung, die durchgehend hinter der Entscheidung für die Reformation standen[173]. Der jungen Generation angehörende Renaissance-Fürsten wie Georg von Sachsen blieben altgläubig, wie das „junge Blut", der Kaiser selbst; ohne den alten indifferenten und ablaßgläubigen Friedrich den Weisen ist der Anfangserfolg der Reformation auch wieder nicht zu denken. Aktenmäßig ist soviel nachgewiesen, daß Luther im Geflecht der sich überkreuzenden außen- und innenpolitischen Interessen der Territorialfürsten, zumal auf dem Wormser Reichstag, eine gewisse Rolle gespielt hat[174].

Die abwägende Betrachtung einer Vielzahl von reformatorischen Motiven, die einander widersprechen können oder ihrer Wirkung nicht angemessen sind, vermag wohl zu einer distanzierten und vorurteilslosen Beurteilung der Epochenscheide Reformation anzuleiten, die traditionell mit so vielen Wertungen befrachtet wurde. Aber ist es für die Geschichtsschreibung befriedigend, wenn sich zwischen der Relevanz des historischen Geschehens, die auch heute niemand der Reformation absprechen kann, und der Alltäglichkeit der möglichen kausalen Erklärungen eine weite Spanne auftut? Natürlich waren die Erbgänge in den Territorien wichtig. So folgten z. B. auf die katholischen pommerschen Herzöge Bogislaw X. und Georg die mit der Reformation sympathisierenden Barnim IX. und Philipp, auf den entschiedenen Reformationsgegner Heinrich d. J. von Braunschweig-Wolfenbüttel dessen lutherisch beeinflußter Sohn Julius, auf die Säule der alten Kirche Georg von Sachsen dessen Bruder Heinrich von Sachsen-Freiberg. Aber waltete hier nur blindes Fatum, waren die Reformatoren bessere Fürstendiener oder hatten sie mehr Erfolg im „Totbeten" ihrer Gegner?

Man muß sich vor Augen halten, daß am Vorabend der Reformation und im frühen 16. Jahrhundert noch keineswegs der Absolutismus herrschte: vielmehr waren dynastische Erbauseinandersetzungen — außer in den geistlichen Fürstentümern — oft noch die Regel und die inneren Verhältnisse der Territorien alles andere als monolithisch. Selbst der Begriff des Dualismus ist nicht ausreichend, die vielfältigen Machtschwerpunkte innerhalb der Territorien zu kennzeichnen, denn die Stände bildeten in sich keineswegs ein so einheitliches Zentrum der Macht wie der Fürst mit seinen Räten, seiner Kammer, seinen Besitzungen. Die Landstände waren gerade daraus entstanden, daß der Landesherr beim Aufbau seines

[173] Ebd. S. 92 ff., 105.

[174] Rainer Wohlfeil, Der Wormser Reichstag von 1521. In: Der Reichstag zu Worms von 1521. S. 59—154.

territorialen Herrschaftsbezirks auf die Hilfe der lokalen Gewalten angewiesen gewesen war[175]. Der Adel hatte folglich eigene Herrschaftsrechte erlangt, die nun den Verwaltungs- und Amtsbezirken der Fürsten gegenüberstanden oder mit ihnen verzahnt waren. Die Landstände handelten bereits im 14. Jahrhundert verantwortungsbewußt für den werdenden Territorialstaat; mit dem Fürsten einte sie das gemeinsame Ziel, das Land nach außen abzugrenzen, im Innern Frieden, Wohlfahrt und Sicherheit herzustellen. Die gemeinsame Aufgabe, einen staatlichen Friedensbezirk zu schaffen, vermochte Fürst und Stände zusammenzuführen; divergierende Interessen ließen, vor allem bei der Berührung mit äußeren Gegnern, Unstimmigkeiten über die Methoden aufkommen.

Luthers Lehre war nun zweifellos geeignet, in der Struktur der Territorien liegende Divergenzen, aus deren Integration ja gerade die Leistung des frühneuzeitlichen Staats bestand, aufzurühren. Unüberhörbar hatte an exponiertem Ort, nämlich auf dem Wormser Reichstag von 1521, der Nuntius Aleander gewarnt, Luthers „mutwilliges" Beharren könne darauf hinauslaufen, „alle macht der recht und keiserlichen gesetze, auch aller oberigkeit umzustossen und umbzukeren"[176]. Der Bauernkrieg brachte die Probe aufs Exempel. Die mißverstandene und veräußerlichte Rezeption der Lehre vom freien Christenmenschen führte zu blutigem Konflikt, aber das rechte Verständnis des Evangeliums stellte die Territorien nicht weniger nachhaltig vor das Problem der Spaltung, zumindest erheblicher innerer Spannung. Denn die Verwaltung des Kults und der Sakramente hing indirekt, besonders über das Patronat und die Einsetzung der Priester, von den lokalen Herrschaftsgewalten ab; nur innerhalb der eigentlichen Stiftslande der Diözesen, der klösterlichen und stiftischen Immunitäten und Exemtionen war das anders. Aber Hochstifte, Klöster und Immunitäten besaßen wiederum die weltliche Standschaft des Landes oder des Reiches. Solange nur über Form, Ausübung und Intensität der Seelsorge Meinungsverschiedenheiten aufkamen, also über Reform im engeren Sinne, blieb die Gemengelage von weltlicher Anstellung und geistlicher Autonomie, die aus dem mittelalterlichen Eigenkirchenwesen erwachsen war, unproblematisch. Anders war es hingegen, wenn der Inhalt der christlichen Verkündigung zur Disposition gestellt wurde; dies riß innerhalb der Territorien zwei

175 Vgl. etwa Otto Merker, Die Ritterschaft des Erzstifts Bremen im Spätmittelalter. Herrschaft und politische Stellung als Landstand (1300—1550). Stade 1962. S. 11, 118—126 (mit gutem methodischem Hinweis auf die grundlegende landesgeschichtliche Literatur).

176 Rede vor Kaiser und Ständen (13. 2. 1521). Bericht des sächsischen Kanzlers Brück. (RTA JR 2 [1896] S. 496, 505).

große Konfliktfelder auf; eines zwischen der Geistlichkeit, sofern sie sich im örtlichen Rahmen geschlossen (etwa mit dem Rückhalt eines Bischofs, Klosters oder Stiftskapitels) verhielt, und den weltlichen Patronats- und Lehnsherren, Stiftern und Pfründengebern, das andere zwischen den weltlichen Herrschaftsträgern selbst, sofern sie Kirchenherren waren. Dazu kam die verstärkte Möglichkeit auswärtiger Verwicklung, wenn sich, wie beispielsweise im Fall der Hochstifter Meißen, Merseburg und Naumburg, die altgläubigen Landstände mit dem Kaiser oder aber auf bündischem Wege mit ihren Konfessionsgenossen gegen den Territorialherren zusammentaten.

Nicht jeder Fürst war politisch so aufgeschlossen, daß er solche Entwicklungen hätte voraussehen können, aber seine Räte mußten doch, selbst wenn sie Luther positiv gegenüberstanden, die Folgen von Wirren auf religiösem Gebiet bemerken. Es lassen sich, in grober Typisierung, drei Muster von Verhaltensreaktionen auf die Herausforderung aufstellen, sieht man von dem Fall ab, daß Friedrich der Weise aus einem gewissen landesfürstlichen Stolz heraus sich weigerte, den berühmtesten Professor seiner neuen Landesuniversität preiszugeben, denn die Durchführung der Reichsacht hätte indirekt auch seine sich anbahnende Bildungshoheit dem Zugriff des Kaisers geöffnet: Er berief sich lieber auf die päpstlichen Privilegien als auf die Privilegien Kaiser Maximilians für die Universität Wittenberg[177].

Erstens konnte der Fürst die Dinge weitgehend laufen lassen; diese Haltung vertrug sich wie im Falle der Herzöge von Jülich-Kleve-Berg mit erasmianisch-humanistischer Gesinnung; sie konnten auf die äußeren Forderungen der Lutheraner wie Laienkelch und Priesterehe eingehen, ohne daß sie deswegen deren neue theologische Begründung hätten übernehmen müssen[178]. In den vereinigten Herzogtümern vermochte sich die altgläubige Lehre durchaus ohne staatlichen Zwang zu behaupten, wenn auch die Nähe der Spanischen Niederlande, die Geldrische Fehde, der Rückschlag der Reformation im nahegelegenen Erzstift Köln zu berücksichtigen sind. Zweitens konnte der Landesherr eine latente bis entschiedene Bereitschaft zur Reform der alten Lehre an den Tag legen. Der Gefahr der inneren Desintegration als Folge der konfessionellen Revolution sollte durch eine konservativ-pragmatische Reform die

[177] So BORTH S. 90 ff. unter Verweis auf die älteren Forschungen von Theodor KOLDE.

[178] Ein Beispiel ist Wilhelm V. von Jülich-Kleve-Berg (1539—1592). Vgl. FRANZEN, Zölibat S. 56, 55—60; zum Raum ZEEDEN, Konfessionen S. 66 f., 135 f.

Spitze abgebrochen werden. Hier sind drei Beispiele zu nennen: Herzog Wilhelm IV. von Bayern leitete sogleich nach den bilderstürmerischen Unruhen in Wittenberg den Mühldorfer Bischofskonvent von 1522 in die Wege[179]. Herzog Heinrich II. der Jüngere von Braunschweig-Wolfenbüttel spannte seine Vogteirechte über Klöster und Pfarrklerus stärker an: er unternahm Reform-Visitationen, schärfte durch Einzelmandate die Einhaltung katholischer Kirchenbräuche ein und brachte Teile der kirchlichen Vermögensverwaltung in seine Hand. Dabei scheute er Konflikte mit dem Bistum Hildesheim nicht, zu dem die Beziehungen infolge der Hildesheimer Stiftsfehde (1519—1523) ohnehin gespannt waren[180]. Ebenso energisch sogte Herzog Georg von Sachsen für die Erhaltung der alten Lehre. Er lieh dem Meißener Bischof Johann VII. von Schleinitz die Hilfe des weltlichen Arms. Bei aller Übereinstimmung im Grundsätzlichen unterband er auch ohne vorherige Einzelabsprache seiner Maßnahmen mit dem Bischof die Erosion der alten Kirche in seinem Territorium energisch[181].

Im Interesse einer effektiven Reform unternommen, beeinträchtigten diese Maßnahmen zwar bischöfliche Jurisdiktion und geistliche Exemtion, stellten aber die Autonomie der geistlichen Gewalt prinzipiell nicht in Frage[182]. Der häufig unsanften Methode dieser Kirchenreform, die neugläubige Vorstöße auch repressiv abzuwehren suchte, entsprach ihr geistiger Hintergrund. Georg von Sachsen argumentierte im wesentlichen nicht theologisch, sondern er beschwor wie Karl V. den Basiskonsens des christlichen Mittelalters, dem er sich ausdrücklich anschloß, daß nämlich die Schriftauslegung eines Einzelnen gegen das Zeugnis des Papstes, des Kaisers und ihrer Ratgeber nicht maßgeblich sein könne[183]. Es war das

179 Wolter S. 99 f., Franzen, Zölibat S. 69 f.

180 Vgl. Horst Reller, Vorreformatorische und reformatorische Kirchenverfassung im Fürstentum Braunschweig-Wolfenbüttel (= Studien zur Kirchengeschichte Niedersachsens 10). Göttingen 1959. S. 49—61.

181 Vgl. Albrecht Lobeck, Das Hochstift Meißen im Zeitalter der Reformation bis zum Tode Herzog Heinrichs 1541. Hg. v. H. Bornkamm und H. Scheible (= Mitteldeutsche Forschungen 65). Köln Wien 1971. S. 66 ff.

182 Dies gegen die — im übrigen vortreffliche — Arbeit von Reller S. 60 und die dort zitierten älteren Forschungen.

183 Am 12. März 1523 begründete Georg das Verbot der lutherschen Schriften im Herzogtum Sachsen: „Wenn wir nämlich überzeugt gewesen wären, Luther sei wirklich der einzige Kenner der Hl. Schrift, der einzige, der sie voll begriffen hätte, und deshalb Pflicht wäre, seiner Auslegung allein zu folgen, hätten wir gewiß das Verbot seiner Schriften nicht erlassen. Da aber der Papst und der Kaiser als Häupter der Christenheit, beraten von Männern, die unserer Meinung nach das

Manko dieser Reform, daß sie von Papst und Konzil, der dafür eigentlich zuständigen Instanz, zu spät unterstützt wurde. Das Erzbistum Köln, für das Herzogtum Jülich-Kleve-Berg zuständig, verschleppte die Verantwortung[184]. Völlig diffuse Reformvorschläge entwickelte Erzbischof Hermann von Wied, der evangelische Predigt, Laienkelch und Tauufformel, allerdings ohne Berufung auf Luther, Melanchthon und Butzer, einführen wollte[185]; zwar waren die Verhältnisse im Erzstift Köln besondere, aber auch sie zeigen, daß alle ersten Reformen auf Territorialebene wenig vorwärtstreibende Elemente enthielten, theologische Klarheit vermissen ließen und sich nur sozusagen bremsend auf ein „Gesamtbewußtsein der Christenheit" bezogen[186].

Die dritte Möglichkeit, dem religiösen Zwiespalt zu begegnen, der das Zusammenleben im Territorium gefährdete, war die Einführung der Reformation. Auch hier fällt es schwer, als beherrschendes Motiv frühkonfessionelle Konsequenz zu entdecken. Aber sogenannte realpolitische Kategorien können auch nicht lückenlos an deren Stelle gesetzt werden. Renaissancehafter Machtinstinkt ist nicht nur bei Landgraf Philipp von Hessen, sondern auch bei enragiert katholisch bleibenden Fürsten wie Heinrich II. von Braunschweig-Wolfenbüttel festzustellen, und er wird sich hier wie dort aus der Zeitströmung und aus der Reaktion auf die Gefahr innerer Zwietracht deuten lassen. „Besitzgier", das Streben nach Einverleibung der beträchtlichen Kirchenschätze und -güter war häufig, etwa bei Graf Enno von Ostfriesland, der bei der Durchführung der Reformation nicht von „konfessioneller Sicherheit" geleitet war[187]. Sein Vorgänger, Edzard I. von Circsena († 1528), steuerte einen für die Zeit gar nicht untypischen Zickzackkurs: Er empfand „Sympathie" für die Reformatoren, hielt sich aber den altgläubigen Kanzler Wilhelm Ubben, er verbot die protestantische Predigt und fragte in Wittenberg nach evangelischen Predigern an[188]. Es wurde viel laviert in dieser schweren Zeit, auch aus außenpolitischen Grün-

hl. Evangelium besser verstehen als Luther, uns als einem gehorsamen Fürsten geboten haben, haben wir dem entsprochen" (zit. nach Wolter S. 97); ähnlich Herzog Heinrich II. von Braunschweig-Wolfenbüttel 1522 (Reller S. 59).

[184] Vgl. Franzen, Wied S. 41 f., 48, 52.

[185] Vgl. ebd. S. 96, 109, passim; Franzen, Zölibat S. 54: Ähnlich erwog auch Kf. Joachim II. von Brandenburg 1539 eine „katholische" Kirchenordnung, die weder „römisch" noch „wittenbergisch" sein sollte.

[186] Wolter S. 97.

[187] Genauso wenig wie sein Vorgänger Edzard I. von Circsena. Vgl. H. Schmidt, Ostfriesland S. 19.

[188] Ebd. S. 11 f.

den[189]. Ökonomisches Interesse ist nicht monokausal für die Ausbreitung der Reformation haftbar zu machen. Wenn die „Fürstenklasse", die aber bekanntlich in der Reformation gar nicht einheitlich votierte, Luthers Lehre nur zur „ideologischen Untermauerung" und Verhüllung ihrer neuen ökonomischen „Klassenherrschaft" eingesetzt hat, dann bleibt unerfindlich, wieso sie sich gerade eine Theorie aussuchte, die eben alle Ethik profanisiert, „mit der religiösen Überhöhung zugleich auch jede(n) klerikale(n) Anspruch" getroffen und „die eigentliche Kritik am Mittelalter" und an der „Ideologie seiner feudalen Großkirche" geleistet hatte[190].

Es gibt keinen triftigen Grund, bei den entschieden reformatorisch gesinnten Fürsten an einer weitgehenden Kongruenz von Gesinnung und Tat zu zweifeln. Auf dem Treptower Landtag von 1534/35, der mit einem evangelischen Theologengutachten über die Religionsfrage eröffnet wird, begründen die pommerschen Herzöge Philipp und Barnim gegenüber dem zögernden Adel ihr Eintreten für die Reformation: Sie fühlten sich im Gewissen gedrängt, „der Wahrheit des Evangeliums" Raum zu geben, da sie Gott mehr gehorchen müßten als den Menschen[191]. Cochläus bemerkt an Herzog Heinrich von Sachsen, der seinem Bruder Georg 1539 folgt, „ein großes Selbstgefühl, betrachte sich als die Rute Gottes"[192]. Die Instruktion Heinrichs zur Visitation im Hochstift

[189] Viel Material hierzu bei Hans Thorald MICHAELIS, Die Grafschaft Büdingen im Felde der Auseinandersetzungen um die religiöse und politische Einheit des Reiches (1517—1555) (= Jahrbuch der Hessischen Kirchengeschichtlichen Vereinigung 16). Darmst. 1965. passim, S. 202f., 204. Die Isenburger Grafen wollten auch in Sachen der „Seelen Seeligkeit" die „goldene Mitte" halten und instruierten den solmsischen Diener und Gesandten der Wetterauer Einung, Johann Lieberich von Kröfftelbach, mit den Ständen Augsburgischer Konfession zu stimmen, aber keine protestantischen Beschwerden an den Kaiser zu unterschreiben.

[190] MÜLLER-STREISAND S. 101 (der Widerspruch auf der gleichen Seite). An sich ist die These von der Profanisierung der Ethik durch Luther bereits ein überaus problematisches aufklärerisches Relikt. Wieso ist im Bauernkrieg „die Gemeinsamkeit des nationalen Interesses an der Befreiung von der ökonomischen und politischen Vorherrschaft" (EBD. S. 96 f.) und damit der vorherige Bund zwischen Fürsten, Bürgern, Bauern und „Plebejern" — wofür im übrigen die Bundesakte fehlt — eigentlich zerbrochen? War die Macht Roms 1524 soviel geringer als 1521? Offensichtlich gelingt es MÜLLER-STREISAND hier nicht, sich vom Traditionsbestand nationalistischer Geschichtsdeutung freizumachen.

[191] HEYDEN I S. 321 f.

[192] LOBECK S. 96.

Meißen vom 10. Juli 1539 reklamiert „Gott und sein Wort“ für die Abschaffung der „Abgötterei“[193]. Die Gewalt der Meißner Bischöfe in Fragen der Lehre und der Jurisdiktion wird als Menschensatzung zurückgewiesen[194], Heinrich handelt in bewußtem Gegensatz zu „den religiösen Anschauungen des Hochstifts“. Am 17. Juli 1541 machen Herzog Heinrich und Kurfürst Johann Friedrich von Sachsen dem Kaiser gegenüber geltend, sie müßten „die Wahrheit Gottes“ ihren „fürstlichen pflichten nach gegen Gott aufrichten“[195]. Die Hohenloher Visitationsordnung von 1558[196], die württembergische Visitationsordnung von 1547[197] und die von Württemberg beeinflußte Wolfenbütteler Kirchenordnung von 1568[198] greifen auf Exempla der Bibel zurück: wie die gottesfürchtigen Könige des Alten Testaments die Götzen gestürzt hatten, so ist nun der Eingriff in Gottesdienst, Lehre und Kirchenzucht notwendig. Landgraf Philipp von Hessen übt Widerstand gegen den Kaiser aus Verantwortung für den Glauben seiner Untertanen und unterstellt „das innerliche und ewige, das ire Mt nicht geben kan“, dem Walten seiner eigenen Majestät[199]. Auch Herzog Ernst der Bekenner von Braunschweig-Lüneburg glaubt aus höherem Auftrag zu handeln: Als Amtmann Gottes achtet er nicht auf „vergänglichen Nutzen und zeitliche Wohlfahrt“, sondern will für die Ewigkeitswerte des Wortes Gottes „und der evangelischen Wahrheit“ wirken[200]. Das rechte Bekenntnis sichert dem Fürsten das Seelenheil, und dies ist umso wichtiger, als die Endzeit nahe ist[201].

[193] Zit. nach Lobeck S. 124.

[194] Lobeck S. 113, 115.

[195] Zit. nach Lobeck S. 175.

[196] Gunther Franz, Die Kirchenleitung in Hohenlohe in den Jahrzehnten nach der Reformation (= Quellen und Forschungen zur Württembergischen Kirchengeschichte 3). Stuttg. 1971. S. 40—42.

[197] Reller S. 93.

[198] Hg. Julius von Braunschweig-Wolfenbüttel fühlt sich „seinen lieben underthanen nicht alleine umb zeitlichs friedens, ruhe und einigkeit willen, sonder auch darumb, von seiner göttlichen allmacht fürgesetzt, das wir bey denselben vor allem andern, was die rechte erkantnuß, anruffung und dienst Gottes belanget, vermöge unsers tragenden und von Gott bevohlenen ampts befürderten“ (zit. nach Reller S. 135).

[199] 1529 XII 21 (RTA JR VIII, 1 [1970] S. 489).

[200] Antwort der Lüneburger Herzöge auf das Bündnisangebot Kursachsens und Hessens 1525 VIII 28 (Adolf Wrede, Ernst der Bekenner, Herzog von Braunschweig und Lüneburg. Halle 1888. S. 37 f.), H. Schmidt, Ostfriesland S. 25 f.

[201] Vgl. Ingeborg Mechtel, Elisabeth von Braunschweig-Lüneburg und Albrecht von Preußen. Ein Fürstenbriefwechsel der Reformationszeit. Göttingen 1954. S. 10, Gunther Franz, Hohenlohe S. 41.

Aus diesen Zeugnissen spricht keineswegs ein isolierendes religiöses Bewußtsein, das fern der Welt in sich selbst Genügen fände. Die Selbstauffassung, im Besitz der rechten christlichen Wahrheit und Werkzeug Gottes zu sein, forderte gerade die Tat, schlug um in Weltbemächtigung: Vertraut man sich der rechten christlichen Wahrheit an, so muß die Wahrung von Einheit, Frieden und Ordnung des Landes gelingen, denn alle Ordnung der Menschen wird erst dadurch garantiert, daß in ihr das rechte Christentum gelebt wird. Aus der reformatorischen Theologie kann nun, ohne daß sie in ihren gelehrten Einzelheiten voll rezipiert werden müßte, dem eigenen Handeln ein unwiderstehlicher Fundamentalismus zuwachsen. Wird das rechte Christentum vorenthalten oder gefährdet, dann steht auch die staatlich-weltliche Ordnung auf dem Spiel; und die Mühsamkeiten der Regierungsgeschäfte, etwa das Verhandeln mit den notorisch widerspenstigen Landständen, lassen sich als Störungen der Ordnung begreifen, wenn sie auf das Fehlen evangelischer Wahrheit zurückgeführt werden. Der Fürst braucht keine falschen Rücksichten mehr zu nehmen, wenn er in seinen Taten nur dem rechten Verständnis des Evangeliums treu bleibt, zumal wenn er es durchsetzt. Das Territorium kann so analog der christlichen Gemeinde zur „sittlich religiösen menschlichen Gemeinschaft“ werden[202], wenn der gemeine Nutzen spiritualisiert, seiner traditionellen naturrechtlichen Valenz entkleidet und allein auf das Leben aus dem unverfälschten Gotteswort gegründet wird. Die Sonderkorporationen der Geistlichkeit mit ihrem landrechtlichen Status verstoßen gegen das gemeine Beste, weil sie der evangelischen Wortverkündigung und dem allgemeinen Priestertum entgegenstehen. Die reformatorischen Fürsten „erweitern“ nicht nur ihre „advocatia ecclesiae“[203], sie brechen quasi-revolutionär mit dem mittelalterlichen Rechtsbewußtsein.

4. Die reformatorischen Methoden

a) Klöster

Zweifellos wollten die Territorialherren bereits am Ausgang des Mittelalters die Geistlichkeit des Landes ihrer Kontrolle unterstellen, auch gab es Raub, Überfall, gewaltsame Aneignung geistlicher Besitztümer und gewaltsamen Austrag von Besitzstreitigkeiten. Aber die These, daß die Reformation mit ihren Säkularisationen eine vorher eingeleitete Entwicklung einfach nur „zum Abschluß

[202] Vgl. für Landgrafschaft Hessen Sohm S. 42 f., 82—85. Mahnung zur „Eintracht“ und „reformatorisches Ethos“ gehen bei Landgraf Philipp zusammen. Vgl. Winfried Zeller, Die Reformation in Hessen. In: Reformation und Gegenwart S. 40 ff.

[203] So Gunther Franz, Hohenlohe S. 43 f., Reller S. 134, 93.

geführt" habe[204], trifft nicht zu. Sie ist den Nachweis darüber schuldig geblieben, daß irgendwann im Mittelalter der Bruch zwischen staatlichem Kirchenschutz und staatlicher Säkularisationsabsicht eingetreten sei; und die frühabsolutistische herrschaftliche Durchdringung des neuzeitlichen Territorialstaates konnte, wie in Bayern, auch ohne reformatorische Säkularisationen gelingen. Im Spätmittelalter wurde aber die Geistlichkeit, neben Adel und Städten, gerade zum Landstand aufgewertet; ihre auf alter Exemtion und Autonomie gegründete relative Selbständigkeit wurde damit selbst staatstragendes Element im dualen Staatsgefüge. Diese staatsrechtliche Lage änderte der Fürst reformatorisch-revolutionär durch einseitige Verfügung, indem er säkularisierte. Dabei wurde die revolutionäre Umwandlung der Klöster „zu christlichen schulen und zuchtheusern" charakteristischerweise gerade mit der Rückkehr zur Schrift und zu den Kirchenvätern, und damit zur Urregel, gerechtfertigt[205]. Die Methode war je nach Umständen verschieden, wies aber gleiche Grundzüge auf. In der Landgrafschaft Hessen gelang es in größerem Umfang, die Klöster zur Ausstellung von Zessionsurkunden zu zwingen[206]. In Pommern und in Braunschweig-Lüneburg wurde zunächst die Inventarisierung der Klostergüter befohlen und zwar mit dem Hinweis auf den Bauernkrieg und andere mögliche Unruhen, die zum Sturm auf die Klöster führen könnten[207]. Gab es Widerstand und war die Stellung des Landesherrn, wie etwa im Falle der Grafen von Isenburg gegenüber den Klöstern Marienborn, Selbold, Meerholz und Hirzenhain, nicht stark genug, so ergaben sich langfristige Verwicklungen, die von der großen Hartnäckigkeit beider Seiten zeugen. Wichtig war die Haltung der Äbte und Priorinnen, die, wenn sie durch schlechtes Wirtschaften keinen Vorwand zum Eingriff gaben, oft das Kloster auf Lebenszeit halten konnten, selbst gegen gräfliche Klosterpatronate[208]. Die Landesherren versuchten dann die Neuwahl zu

[204] Klaus Köhle, Landesherr und Landstände in der Oberpfalz von 1400—1583. Sozialstruktur und politische Repräsentanz eines frühneuzeitlichen Territoriums (= Miscellanea Bavarica Monacensia 16). München 1969. S. 163.

[205] Entwurf Butzers 1542 IX/X, Acta Reformationis catholicae (Die Reformverhandlungen des deutschen Episkopats von 1520 bis 1570) IV, 2. Hg. v. G. Pfeilschifter. Regensburg 1971. S. 180 f.

[206] Vgl. Sohm S. 31 ff., Eckhart G. Franz, Die hessischen Klöster und ihre Konvente in der Reformation I. In: Hess. Jahrbuch f. Landesgeschichte 19 (1969) S. 147—170.

[207] Heyden I S. 309 f., 338, Wrede S. 32—36 (1525).

[208] So das Kloster Marienborn, das erst 1556 nach Tod der Äbtissin Wandala von Wertheim zediert wurde (Michaelis S. 113—115).

beeinflussen, evangelische Pfarrer in die Klöster einzuführen, das Stundengebet und die geistlichen Übungen nach der neuen Lehre zu reglementieren, das Abendmahl unter beiderlei Gestalt vorzuschreiben, die Messe abzuschaffen. Aber auch ein starker Fürst wie Ernst von Braunschweig-Lüneburg löste in seinem Lande zunächst die relativ besitzlosen Barfüßerklöster auf, die größeren Stifte wie St. Michaelis, Bardowiek und Ramelsloh widersetzten sich der Inventarisierung und der dadurch eingeleiteten Herausgabe der Klostergüter lange[209]. Es wurde nicht immer direkter Zwang angewendet. Neugläubige Prediger, finanzielle Angebote, aber auch Überdruß am geistlichen Stand lockten zum Austritt aus der Klostergemeinschaft, lutherische Parteien entstanden im Konvent, Teilzugeständnisse konnten das Leben der Klöster verlängern. Personelle Austrockung war häufig, da die Neuaufnahme von Novizen verboten wurde. Über Verträge mit Dritten, z. B. des Grafen Anton von Büdingen mit der Stadt Gelnhausen über das Kloster Selbold, teilten die Klostervögte klösterliche Güter und Gerechtsame auf und entfremdeten bestehende Pfarreikollaturen[210]. Den Austrittswilligen wurden einmalige Abfindungen oder lebenslängliche Renten gezahlt. Auch beriefen sich die Reformatoren, so Herzog Ernst gegenüber dem Benediktinerabt Boldewin von St. Michaelis in Lüneburg, auf die wahren Absichten Benedikts, der, wenn er wiederkäme, des altgläubigen „Irrtums" kein „Deckel sein wolle"[211].

Die Auflösung und Unterwanderung der Institutionen ging nicht ohne Widerstand vonstatten. Am Reichskammergericht wurde eine Menge von Prozessen anhängig gemacht. Emigrierte Mönche hielten die klösterliche Gemeinschaft aufrecht und wählten „in der Fremde" Nachfolger verstorbener Äbte[212]. Waren die Vogteirechte streitig oder aufgeteilt, konnte der eine Vogt gegen den andern ausgespielt werden; dies hatte nicht nur bei Ungleichheit der Konfession Aussicht auf Erfolg, denn einer der Konkurrenten machte Zugeständnisse[213]. Der Kaiser und die Kirchenoberen konnten angerufen werden, zweiseitige Rechtsgeschäfte ohne

[209] Wrede S. 66 ff., passim.

[210] Michaelis S. 83 ff., 94, 98, 101.

[211] Wrede S. 92 f.

[212] Solche Amtsnachfolger erhielten die Äbtissin von Kaufungen und der Abt von Haina (Sohm S. 39).

[213] So der Fall des Klosters Hirzenhain, das zwischen Graf Ludwig von Königstein und Graf Reinhard von Isenburg streitig war (Michaelis S. 85 ff.), Lüneburger Stadtklöster konnten den Gegensatz zwischen dem lutherischen Herzog und dem lutherischen Stadtrat ausnutzen (Wrede S. 91 ff.).

Zustimmung der geistlichen Jurisdiktion wurden aber trotz Anfechtbarkeit abgeschlossen, denn die Klöster waren für Besitz und Privilegien private Rechtsträger; im Falle des Klosters Selbold konnte der Erzbischof von Mainz rein besitzmäßig nur Restitution seiner entgangenen Kloster-„Atzung" verlangen. Spektakulären Widerstand leistete von 1542 bis 1548 das Nonnenkloster Heiligengrabe dem Kurfürsten Joachim II. von Brandenburg[214]. Die Priorin Anna von Quitzow erfreute sich dabei allerdings der Assistenz des Bischofs von Havelberg, Busso von Alvensleben, und ihrer Bekannten und Verwandten im altmärkischen Adel. In der Oberpfalz hingegen gelang es den zwölf landständischen Klöstern nicht, sich den Reformationsversuchen von 1556 und 1564 und der Überführung ihres Vermögens in pfalzgräflichen Besitz zu entziehen; sie blieben, aber nun in Abhängigkeit von Kurfürst Friedrich III., allerdings Landstände[215].

Hat generell nur Vermögensinteresse den Widerstand der Klöster (wie die reformatorischen Absichten der Fürsten) verursacht? Das ideologiekritische Ja[216] auf diese Frage läßt sich leichter aussprechen als beweisen. Ein Blick in lokale Reformationsgeschichten zeigt, daß um den monastischen Gedanken und die religiösen Neuerungen zwischen den Parteien trotzig gestritten worden ist[217]. In der Regel sah der Fürst darauf, daß die austretenden Mönche ausgezahlt wurden, es fanden sich viele ehemalige Mönche als Pfleger, Verwalter und Amtleute in fürstlichen und städtischen Diensten wieder. Norddeutsche Nonnenklöster sind in weltliche Damenstifte umgewandelt worden, Pfründen blieben adligen und bürgerlichen Personenkreisen zu rein weltlichen Versorgungszwekken erhalten[218].

Da auch der klösterliche Dienst den Konventualen nur Versorgung „ad dies vitae" und nicht vererblichen Besitz gewährte, konnten bei einer Laisierung die ökonomischen Erwartungen gar nicht so hoch gespannt sein. Folglich ist eher anzunehmen, daß gerade da, wo von Widersätzlichkeit nichts überliefert ist, das Versorgungsinteresse vorwaltend und das monastische Ideal gering gewesen sein wird. In Hessen soll nur ein Franziskaner zum neuen Glauben übergetreten sein und spätmittelalterliche Reformorden

[214] Vgl. Fritz Curschmann, Die Einführung der Reformation im Nonnenkloster Heiligengrabe. In: Forschungen zur Brandenburgischen und Preußischen Geschichte 25 (Sonderdruck) S. 43 ff.

[215] Vgl. Köhle S. 115 f., 159 ff., Walter Grube, Altwürttembergische Klöster vor und nach der Reformation. In: Bll. f. deutsche Landesgeschichte NF 109 (1973) S. 143 f.

[216] So bereits Curschmann S. 49.

[217] Wrede S. 66 f., 80 f.

[218] Ebd. S. 107, 56, Lobeck S. 154, Heyden II S.13 f., I S. 334.

wie die Fraterherren haben sich häufig widersetzt[219]. Landgraf Philipp der Großmütige begann seine Klostersequestration 1527 damit, daß er Gesinnungswandel in den Klöstern erreichen wollte: Neugläubige Prediger sollten in die Abteien gesandt werden, um die Gewissen von den „werkheiligen Gelübden" zu reinigen[220]; es ging ihm und der „Evangelischen Bewegung" aus der neuen Geistlichkeit auch um den Sieg einer allgemeinen Idee und nicht nur um die kirchlichen Vermögen, deren Zweckentfremdung Luther ohnehin untersagte. Bei den Landesherren wirkten indes „finanzielle Momente" doch ganz erheblich mit[221].

b) Seelsorge: Visitationen

Die Reformation wurde in den Territorien durch die Visitationen und durch den Erlaß von Mandaten und Kirchenordnungen eingeführt. Zweifellos läßt sich die für die Hohenloher Generalvisiation von 1556 getroffene Einzelfeststellung verallgemeinern, daß die Visitationsmaßnahmen auf „verpflichtende Rechtsakte der Herrschaft" hinausliefen[222], obwohl Luther die Visitation aus dem bischöflichen Besucheramt abgeleitet hatte: Der Bischof müsse seine Pfarrer, wie dieser seine Pfarrangehörigen, besuchen und so beaufsichtigen[223]. Die Maßnahmen der Visitationen sind bekannt; sie erstreckten sich bei der christlichen Prägung des damaligen Lebens auch in Bereiche jenseits der christlichen Lehre und des Kults. In Begleitung von Organen der weltlichen Gewalt examinierten neugläubige Visitatoren die Pfarrer über Lehre, Lebenswandel, Einkünfte, Lebensführung der Pfarrkinder. Glaubensunterricht wurde gegeben, wo es nötig war, die Pfarrer wurden auf die neue Lehre verpflichtet. Widerspenstigen und ungeeigneten Pastoren drohte durchaus Absetzung oder Ausweisung. Neue Prediger wurden angestellt, Zeremonien, Messe und Prozessionen als Götzendienst verboten.

Reformatorische Visitationen und Religionsmandate der landesherrlichen Obrigkeit lagen zwar in der Tradition der spätmittelalterlichen Kirchenaufsicht; sie haben diese aber nicht evolutionär weiterentwickelt, sondern bedeuteten ein Novum. Der Vergleich

219 Vgl. Sohm S. 40.

220 Ebd. S. 33, Zeller, Reformation in Hessen S. 43, 37.

221 Wrede S. 68, Lehnert S. 125.

222 Gunther Franz, Hohenlohe S. 23 ff., auch zum Folgenden. Über die Visitationen im albertinischen Sachsen (1539) Lobeck S. 119, 123 ff., Karlheinz Blaschke, Sachsen im Zeitalter der Reformation. Gütersloh 1970. S. 112—114, in Württemberg (seit 1520) Reller S. 81 ff.

223 1528 (Reller S. 62 ff.); erwogen wurde die Visitation in Kursachsen bereits 1525.

vorreformatorischer mit reformatorischen Rechtstiteln der Kirchenhoheit fördert nicht Identisches zutage; und die Kühle rechtsgeschichtlicher Untersuchungen über die mittelalterlichen Vorläufer des reformatorischen Kirchenrechts, das andererseits zunächst nicht in erster Linie Recht sein wollte, verfremdet zusätzlich den historischen Stoff. Ältere Darstellungen, in ihrem jeweiligen konfessionellen Engagement der Reformationszeit selbst noch näher, sprechen von der „Hitze des Kampfes“[224].

Der Neuordnungsanspruch gegenüber der alten Religion wurde gerade darin sichtbar, daß die Visitatoren zu verkünden hatten, sie wollten den „Untertanen keinen neuen Glauben aufdringen, sondern nur den uralten katholischen, apostolischen Glauben von Mißbräuchen reinigen und wieder herstellen“[225]. Die teilweise sehr schlechten Examinationsergebnisse[226] sind nicht nur vordergründig als Zeichen schlechter kirchlicher Zustände zu werten, zumal wenn, wie in Braunschweig-Wolfenbüttel, in den Jahrzehnten vorher von seiten des altgläubigen Herzogs reformiert worden war; sie könnten auch indirekt noch Anhängerschaft an den alten Glauben dokumentieren.

c) Bischöfliche Jurisdiktion

Vor 1555 kollidierten die reformatorischen Visitationen mit dem Jurisdiktionsrecht des zuständigen Bischofs, denn erst der Augsburger Religionsfriede suspendierte die Diözesanjurisdiktion bis zum endgültigen Religionsvergleich. Dies führte zur Anspannung und Umdeutung alter Rechtstitel. Die ursprünglich nur dem Bischof zustehende Visitation nahm Herzog Heinrich von Sachsen selbst in die Hand, er leitete sie aus seiner Schutzherrschaft, „obrichait“ und „gerichtsbarkeit“ über das Stift ab[227]. Die Bedrängung der Bistümer Meißen und Merseburg entfachte einen Streit um die Reichsstandschaft der Stifter, der vor dem Kaiser in Regensburg 1541 ausgetragen wurde. Bisher latente Rechtsprobleme — wie das Nebeneinander von Landsässigkeit und ‚halber‘ Reichsstandschaft mit Veranschlagung zur Reichsmatrikel — wurden aufgerührt, sie erhielten nun unter den Vorzeichen des konfessionellen Ringens einen ganz anderen Stellenwert[228]. Sicherlich hatte es vorher bereits Jurisdiktionsstreitigkeiten gegeben, aber hier war es bei grundsätzlicher Anerkennung der geistlichen Jurisdik-

[224] Sohm S. 51.

[225] Visitation 1568 im Braunschweig-Wolfenbüttel (Reller S. 120). S. oben S. 59.

[226] Zahlen bei Reller S. 121.

[227] Instruktion 1539 VII 10 (zit. nach Lobeck S. 123 f.).

[228] Ebd. S. 29, 132—135, 161, 170 ff.

tionsgewalt etwa darum gegangen, geistliche Gerichtsbefugnisse, die von auswärts in das eigene Gebiet hineinragten, der einheimischen Geistlichkeit zu übertragen, oder eigene Landesoffizialate für die in auswärtigen Diözesen wohnenden Landesuntertanen zu errichten[229]. Auch wenn die Reformationspläne, so die Butzers für Köln und Luthers für Meißen, nicht auf Zerschlagung der Hochstifte hinausliefen, sondern sie als Versorgungsanstalten des Adels erhalten werden sollten[230], so bedeutete der Verzicht auf direkte Säkularisierung doch gleichzeitig Ausgliederung aus der altkirchlichen Organisation und aus dem Jurisdiktionsprimat der Kurie. Die Bistümer Mainz, Bamberg, Meißen (bis 1541) bewahrten den alten Glauben nur in ihrem Stiftsgebiet, wo sie auch weltliche Gewalt besaßen[231]. In protestantischen Territorien war das Schicksal der Hochstifte nicht aufzuhalten. Es drohte Auflösung oder, wie im Fall Kammin, die Umwandlung in ein Titularbistum. Sie wurde herbeigeführt durch den Oktroy einer Kirchenordnung oder über die evangelische Mehrheit des Domkapitels[232]. Die Generalsuperintendenz und die territoriale Kirchenhoheit traten an die Stelle der mittelalterlichen Sprengeleinteilung. Freilich blieben, so in den Gebieten der ehemaligen Bistümer Meißen, Merseburg und Naumburg, die alten Kirchspiele bestehen, aber die darüber ruhende Bistumsorganisation mit der Gliederung in Archidiakonate verschwand und machte einem System von Superintendenturen Platz, die sich an die landesherrlichen Ämter anlehnten[233].

d) Patronat

Für die Einstellung des Volks zur Reformation war das Bekenntnis der Pastoren entscheidend[234]. Es war deshalb eine wichtige Aufgabe der Visitatoren, die Zahl der landesherrlichen Patronate zu erkunden und zu vermehren. Patronate der Landesherren waren in Kursachsen und in Brandenburg zahlreicher als in den

[229] Vgl. etwa das Verhältnis von Jülich-Kleve-Berg zum Erzstift Köln und die Errichtung eines Braunschweiger Offizialats für die herzogl. Braunschweiger Untertanen im Bistum Halberstadt (Reller S. 54, 57).

[230] Franzen, Wied S. 92 (1543), Lobeck S. 120 f. 164, 173.

[231] Michaelis S. 158, Oettinger S. 152 f., Lobeck S. 123 ff., 154 f.

[232] Heyden II S. 15 ff. Auch Bischof Erasmus von Manteuffel berief sich (gegenüber der Treptower Kirchenordnung) auf Reichsunmittelbarkeit.

[233] Vgl. Blaschke, Sachsen S. 113, Karlheinz Blaschke — Walter Haupt — Heinz Woessner, Die Kirchenorganisation in den Bistümern Meißen, Merseburg und Naumburg um 1500. Weimar 1969. S. 82—87, 71 ff. Der mittelalterliche Aufbau der Bistümer im Kolonialland hatte sich keineswegs in völliger Abhängigkeit von den herrschaftlichen Gewalten entwickelt.

[234] H. Schmidt, Ostfriesland S. 8.

westlichen Territorien[235], möglicherweise wurde dadurch der reibungslose Übergang der Reformation in den geschlosseneren Territorialkomplexen des Ostens gefördert. Das Patronat, mit dem die kirchliche Gesetzgebung des Spätmittelalters die drückenden eigenkirchlichen Befugnisse des weltlichen Arms hatte einschränken wollen, sah für den Inhaber das Präsentationsrecht und die Aufsicht über die ordnungsgemäße Verwaltung des Stiftungsvermögens vor[236], setzte aber die Kollatur durch den Kirchenoberen und damit klar den weltlich-kirchlichen Dualismus voraus. Daß mit dem Wegfall der bischöflichen Jurisdiktionsinstanz eine Umwertung dieses Rechts stattfand, erhellt schon aus inneren Gründen; wurde das Patronat in den Dienst der Reformation gestellt, so ergab sich aus dieser Umdeutung eine die Unabhängigkeit der anderen territorialen Patronatsherren angreifende Tendenz: Herzog Heinrich von Sachsen gestand dem Adel die Erhaltung seiner Patronatsrechte nur unter der Bedingung zu, daß die Patrone lutherische Pfarrer anstellen würden[237]. Auch die Abschaffung auswärtiger bischöflicher Patronatsrechte im Herzogtum Braunschweig-Lüneburg diente nicht nur der inneren territorialen Geschlossenheit, sondern stellte den bisherigen Rechtszustand grundsätzlich in Frage[238]; die Beeinträchtigung der ritterschaftlichen Pfarrlehen, die der lüneburgische Kanzler Johannes Förster über seine Verwandten und Bekannten zu erreichen suchte, hielt sich nicht in den hergebrachten Bahnen. Auf eine vorher nicht denkbare Weise lagen hier die Methode unterschwelliger Beeinflussung, das Ziel landesherrlichen Machtzuwachses und die ideelle Komponente, ineinander.

Über die reformatorische Umwandlung des Rechtsinstituts Patronat kamen neben der bisher kirchlichen Kollatur auch die Versorgung, Lehr-, Disziplinar- und Rechtsüberwachung der Pfarreien in die Hände des Landesherrn, seiner Organe und der später selbständiger werdenden Kirchenleitung. Die Äbtissin von Marienborn

[235] Reller S. 65 f. (Kursachsen), Helmut Rankl, Das vorreformatorische landesherrliche Kirchenregiment in Bayern (1378—1526) (= Miscellanea Bavarica Monacensia 34). München 1971. S. 249 f., 269.

[236] Rankl S. 229 f.

[237] Lobeck S. 76 f., 148 f., 153: Die adligen Patronatskirchen behinderten auf dem „platten Land“ die Reformation beträchtlich.

[238] Wrede S. 53 ff., 18. Braunschweig-Lüneburg lag auf dem Gebiet der Diözesen Verden und — zu kleineren Teilen — Hildesheim und Minden; etwas anderes war doch die Übernahme von Patronaten des Hochstifts Hildesheim im Zusammenhang mit dem Erwerb von Stiftsgebiet (gegen Reller S. 52f., 60); zu Patronatskonflikten zwischen Landgrafschaft Hessen und Erzstift Mainz vgl. Sohm S. 51 f.

gab ihre Kollatur über die Pfarrei Büdingen den Isenburger Grafen mit der Begründung zurück, sie gehöre ihnen als den „Nachfahren der Stifter", denn die Stiftung selbst sei durch die Mißbräuche „in ein verkehrt unwürdig Wesen geraten"[239]. Das Patronatsrecht der Stiftungsaufsicht wurde so zum Rechtsgrund für die Auflösung des hergebrachten Dualismus von Präsentation / Patronat und Kollatur. Das Beispiel ist auch weiter informativ: Graf Reinhard gebot sogleich die Einziehung der Gefälle derjenigen Altaristen, die nicht am Ort der Pfarrei residierten; er konnte damit argumentieren, daß „Gefälle ohne Gegendienst" gegen das „Gewissen" verstießen, denn wenn an den Altären keine Messen mehr gelesen werden durften, waren auch Altarlehen und Opferspenden für Messen sinnlos geworden. Dennoch konnte auf die bisherigen Gelder und Renten nicht verzichtet werden, sie wurden nun für die Bezahlung und Ausbildung evangelischer Prädikanten, für den Keller und die Schreiber der Grafen verwendet und sollten darüber hinaus den Aufbau von Schulen und Spitälern ermöglichen[240]. Die Reformation beendete also keineswegs einen Zustand wirtschaftlicher Ausbeutung und akkumulierte nur begrenzt neue Gelder bei der „Fürstenklasse", denn die neuen Kirchenherren mußten, um die neue Seelsorge bezahlen zu können, beständig alte Renten, Zinsen und Gefälle in Anspruch nehmen. Das Problem war ökonomisch nur in Beziehung auf die Rechtslage. Denn woher konnte der Landesherr, der nun über Leistungen aus Stiftungsvermögen verfügte, wissen, ob er im Sinn der ursprünglichen Stifter handelte? Die Territorialherren setzten sich im Bewußtsein ihres höheren Rechts über die Rechte der bestehenden Sprengel sowie der Stifter und Lehnsherren hinweg, deren finanzielle Zuwendungen die kirchlichen Leistungen ermöglicht hatten. Wo die alten Gewalten nicht einfach abdankten, kam es zum erbitterten konfessionellen Grabenkampf, der erst durch die Regional-Exekution der Einzelbestimmungen des Westfälischen Friedens beendet worden ist[241]. Meßpriester und lutherische Pfarrer kämpften um die Zehnten und rekurrierten auf die Filialen, die ihnen Unterhalt zahlten. Die Altgläubigen suchten ihre Rechte durch das „Erb-

[239] Zit. nach Michaelis S. 117.

[240] Ebd. S. 117 f., 120, 77 f., 81, 188.

[241] Die Konfessionsverschiedenheit hat auch eigentliche territoriale Streitigkeiten erheblich verschärft. Bedrückendes Material bei August Heldmann, Die drei Kirchen Augsburgischer Konfession in der Freigrafschaft Düdinghausen, ihre Vorgeschichte, ihre Entstehung und ihre Schicksale während und nach der Zeit der Gegenreformation. In: Zeitschrift für Kirchengeschichte 23 (1902) S. 290 ff., Sohm S. 116 ff., Michaelis S. 200 f., allgemein Zeeden, Konfessionen.

leihverhältnis" zu wahren, das Pfründe und Pfarrstelle voneinander trennte und die Pfründe dem neugläubigen Pfarrer nur noch über ein Pachtverhältnis zugänglich machte. Dies war aber gleichbedeutend mit der Sprengung des Pfarrverbands und mit dem stillschweigenden Verzicht der Altgläubigen auf die Kollatur. Da die Territorialgewalt den neuen Pfarrern die Versorgung garantierte, wurden die „unabsetzbaren Pfründeninhaber" der alten Kirche durch landesherrliche „Angestellte" abgelöst[242]. Auch wo adlige Patronatsrechte erhalten blieben und alte Pfarrpfründen nahtlos auf die neugläubigen Prediger übertragen wurden, war die Seelsorge dem umfassenden kirchlichen Neuordnungsanspruch der Territorialgewalt nicht entzogen. Denn der neue Klerus wurde auf die evangelischen Kirchenordnungen verpflichtet; diese regelten nicht nur den dogmatischen Bestand der neuen Lehre, sondern gleichzeitig auch das Armen- und Erziehungswesen wie in Pommern[243], die Ehegerichtsbarkeit und die Kirchenzucht. Die „eruptive Kraft"[244] der reformatorischen Verkündigung mündete in eine neue Ordnung, der auch bisher privilegierte Stände unterworfen wurden und die christliches Frömmigkeitsverhalten stärker als das laxistische Spätmittelalter auf Öffentlichkeit und Gesellschaft bezog. Die Verselbständigung der von Luther inaugurierten bischöflichen Gewalt der neuen Lehre wird hinfort zu einem Kapitel in der Behördengeschichte der Superintendenturen. Das Pendant — was ähnliche innere Geschlossenheit angeht — wird das katholische Staatskirchentum der Gegenreformation.

5. Revolution von oben

Die Reformation im Territorium steht nicht für die bruchlose Weiterentwicklung eines mittelalterlichen Staatskirchenwesens[245], das immer schon reaktionär gewesen wäre. Der evangelische und der alte Glaube sind nicht als beliebig obrigkeitlich abrufbare Religion ein und dasselbe gewesen. Gerade die rechtsgeschichtliche Betrachtung macht dies deutlich. Die Reformationsfürsten verwendeten überkommene Rechtstitel, gestalteten sie aber im Kampf gegen die überlieferte geistlich-weltliche Rechtsform der alten Bistümer und Stifte um. Sie machten sich dadurch subjektiv keiner Rechtsübertretung schuldig, denn sie glaubten im Namen einer höheren Gerechtigkeit, der wiederentdeckten christlichen Wahrheit

[242] Gunther Franz, Hohenlohe S. 45, 15, Michaelis S. 82, 158 (Büdingen), Reller S. 176 f., (Braunschweig-Wolfenbüttel).

[243] Heyden I S. 328—330, H. Schmidt, Ostfriesland S. 15, 27.

[244] Reller S. 195, 188 f.

[245] Gegen Rankl S. 272 f.

zu handeln, indem sie die Voraussetzungen für die Wiederherstellung des christlichen Sünden- und Glaubensstandes vor Gott schaffen wollten. Die Kategorie des höheren Rechts der christlichen Wahrheit diente als Ausgleich für Rechtsüberziehungen[246]; für extensive, bis zur Aufhebung des bestehenden Rechts gehende Interpretation war das mittelalterliche Herkommensrecht ohnehin offen. Auch bei der Einziehung der geistlichen Güter handelte es sich nicht einfach um Raub — das sei gegen ältere katholische Polemik und neueren Ökonomismus grundsätzlich festgehalten. Denn Luther schloß Geiz und Habgier als Motiv der Aneignung unüberhörbar aus[247]. Auch hier entfernt sich reformatorisches Wahrheitsbewußtsein revolutionär vom Boden des positiv antreffbaren Rechts: Die korporativen Kirchenbildungen des Mittelalters hatten ihr Recht und ihre Wahrheit vor dem „Wort Gottes" verloren. Fand es einen machtvollen Anwalt, so war Gegenwehr nur mit gleicher Macht möglich; allein war die schwer überschaubare Binnenorganisation der spätmittelalterlichen Kirche, die durch viele unmittelbare Rechtsverhältnisse mit den Gläubigen verbunden war, den überlegeneren Machtmitteln des frühneuzeitlichen Staats nicht gewachsen.

In diesem Zusammenhang ist auch die neue christliche Zuordnung von Obrigkeit und Untertan zu sehen. Sie bezeichnete nach reformatorischer Auffassung weniger ein statisches Modell oder eine hart gesetzte Differenz, sondern das Idealbild christlichen Zusammenlebens auf der politischen Ebene. Der intern disziplinierende Effekt war nach Luther doch mehr für den Ausnahmefall gedacht, daß die eigentliche Integrationskraft, die rechte christliche Gesinnung der gleichen Christenmenschen, versagte. Befand sich der Fürst in der Stellung des Amtmanns Gottes, so bot dies dem Volk gerade die Gelegenheit, sich mit ihm zu identifizieren, um das eigentliche Ziel, die unverfälschte Lehre des Wortes Gottes, in Zukunft durchzusetzen, oder aber im Rückblick für die Einführung der Reformation dankbar zu sein. Der Fürst und seine Räte wurden damit zu Integrationsfiguren der revolutionären urchristlichen

246 Im Liber Misnicus (Meißener Katechismus, Druck 1541) werden die Fürsten gebeten, „die geschrieben Recht ja nicht in änderung" zu „führen. Dann solchs bringt verachtung dem Rechten, welches sein ansehen vom alter bekommet" (zit. nach Lobeck S. 109).

247 WA 12 S. 12 f.: „Doch ist das meyn radt, das die öbrickeyt sölcher klöster gutter zu sich neme, und die übrigen personen so drynnen bleyben, davon versorge, biß sie außsterben, auch reichlicher und milder denn sie villeicht vorhyn versorgt geweßen sind, damit man yhe spure, das nicht der geytz dem geystlichen gut, sondern Christlicher glaube den klöstereyen feynd sey" (1523).

Restauration, die die bestehenden kirchenrechtlichen Mißbräuche abschaffte.

Mit Hilfe der geistigen Entmachtung der Landstände, deren alte Rechte vor der neuen Sorgepflicht der Obrigkeit verblaßten, waren in der Sicht der Fürsten und ihrer Räte „Aufruhr“ und „Landesverderben“ aufzuhalten[248]; die Bedrohung des inneren Zusammenhalts des Territoriums ließ sich durch Übernahme der neuen Lehre in neue, wirksame Herrschaftsbegründung ummünzen. Dieser Nebeneffekt stand der alten Lehre nicht zu Gebote; übernahmen wie in der Lausitz die Landstände den Protestantismus, so verschärfte sich der Gegensatz zum katholisch bleibenden Landesherrn[249].

III. Reformation und Reich

1. Die Auffassung vom Niedergang des Reichs

Auch für diejenigen älteren Reformationsforscher, die Reformation und Mittelalter weniger scharf voneinander absetzten, bildete das Reich zweifelsfrei einen klar mittelalterlichen Überrest des Zeitalters: Das Reich war die staatliche Verkörperung des mittelalterlichen Universalismus, der durch die Reformation unzeitgemäß geworden war; es hatte seine Verankerung im Kaisertum und seinen Rückhalt an der Einheit der Christenheit verloren. Diese Auffassung blieb auch da latent, wo man sich scheute, den Protagonisten der „deutschen Reformation“ zu folgen: Sie meinten, daß die Reformation das Reich seinem wohlverdienten Ende ein gutes Stück nähergebracht habe, und bedauerten, daß Luther es versäumt habe, in Worms ein deutsches Unterhaus aus den Städten, dem Adel und den Bauern zu bilden und die Nation zu einen[250]. Diese Bewertung signalisiert die Verkennung der Tatsache, daß ohne die angeblich verrottete Form des pluralistischen Reichsgefüges das Zusammenleben der Konfessionen auf deutschem Boden schwerlich möglich gewesen wäre. Da das Reich zu sehr mit dem Kaiser identifiziert wurde, der Fürstenprotest und die Ausbreitung

[248] Reller S. 113 Anm. 1, Wrede S. 84.

[249] Lobeck S. 76 f. Vgl. Leonhard Theobald, Die Einführung der Reformation in der Grafschaft Ortenburg. I. Berlin 1914. S. 11. — Zur Abgrenzung gegen andere Deutungen: 1. war das Engagement für die Reformation nicht primär Vorwand, 2. konnte es nicht nur die Zwecke der Fürsten, sondern auch anderer Obrigkeiten (Stadt, Landadel) fördern, 3. war es gerade gegen die konkurrierenden Machtträger (Landstände, weltliche Hoheit der Bischöfe) statt nur gegen Unterschichten gerichtet.

[250] Karl August Meissinger, Luther. Die deutsche Tragödie 1521. o. J. (1953). S. 181 ff.; vgl. dagegen Ranke S. 3 ff.

der Reformationen in den Städten und Territorien aber gegen den Willen Karls V. erfolgt waren, schien die Reformation auch gegen das Reich durchgesetzt worden zu sein. Es wurde übersehen, daß in dem System der Reichstagsverhandlungen, in dem gemeinsamen Befinden der Reichsstände über das gemeine Wohl des Reiches, wesentliche strukturelle Voraussetzungen für das Gelingen der Reformation in Deutschland lagen. Die Territorien, in denen die Reformation durchgeführt werden konnte, waren selbst ein Bestandteil der Reichsverfassung und durch diese in ihren internen Entscheidungen geschützt. Enthielt aber die Reichsverfassung selbst die Bedingungen für den Erfolg der Reformation, so ist nach ihnen ebenso zu fragen wie umgekehrt nach der Einwirkung der Reformation auf die Entwicklung der Reichsverfassung. Bei der lückenhaften Erforschung der Reichsverfassungsgeschichte können nur vorläufige Antworten versucht werden. Sind sie noch in der Richtung zu suchen, daß die Reformation das „lose Beziehungssystem von Territorien" noch mehr gelockert, die „Liquidierung der kaiserlichen religiösen und politischen Obrigkeitsstellung"[251] herbeigeführt habe?

2. Spannungen im Gefüge des Reichs

Die vielen Reichstage des 16. Jahrhunderts, unter Karl V. (1519—1555) allein 19, haben riesige Aktenberge hinterlassen: Sie dokumentieren den intensiven Versuch der Reichsstände, auf dem Verhandlungswege die Reichseinheit zu wahren. Die aristokratische Herausbildung von Reichsständen aus den vielen mehr oder weniger selbständigen Herrschaften und Stiften, ihre gleichzeitige korporative Organisation, führte am Ausgang des 15. Jahrhunderts zur Konsolidierung der Reichstagsverfassung. Es entstanden drei Räte der Kurfürsten, Fürsten und Reichsstädte, ein Dreikuriensystem. Seit dem Auftreten des Mainzer Kanzlers Berthold von Henneberg war der Kaiser von den internen Beratungen dieser Kurien ausgeschlossen[252], auch und gerade wenn es um Entscheidungen ging, die er durch das Gewicht seiner Majestät entscheiden zu können hoffte. Die drei Kurien berieten zunächst unter sich und entschieden nach Mehrheitssystem; Kurfürsten- und Fürstenrat verhandelten dann, nach Anhörung des nicht gleichberechtigten Städterats, untereinander über die Reichsbedenken. Der Kaiser

251 Ernst-Walter Zeeden, Die Einwirkung der Reformation auf die Verfassung des Hl. Röm. Reichs deutscher Nation. In: Trierer Theologische Zeitschrift 59 (1950), übereinstimmend mit Fritz Hartung.

252 Darüber zuletzt Alfred Schröcker, Unio atque concordia. Reichspolitik Bertholds von Henneberg 1484—1504. Würzb. 1970. S. 19, 26 ff., 44 ff.

erließ die Reichsabschiede nicht mehr aus eigener Machtvollkommenheit, obwohl er auch einseitig Mandate erlassen konnte, sondern in der Form eines wechselseitigen Kontrakts mit den Reichsständen.

Die reichsrechtliche Behandlung der Reformation beginnt nun mit dem Wormser Edikt, genauer gesagt, mit der trotz des bestehenden Kirchenbanns von Karl V. verfügten Weisung, Luther auf dem Wormser Reichstag von 1521 anzuhören. Eigentlich hätte die Reichsacht dem großen Kirchenbann sogleich folgen müssen[253], aber Luther war immerhin der Professor des befreundeten Kurfürsten von Sachsen, es gab mancherlei Unruhe in der Christenheit, und Karl V. fühlte sich gerade in seinem mittelalterlichen Traditionsbewußtsein nicht als Untertan des Papstes, sondern als zweites Haupt der Christenheit. Auch war ja vorgesehen, Luther zunächst zum Widerruf zu bewegen[254]. Der Verlauf der Angelegenheit, die auf dem Reichstag neben wichtigeren Geschäften nur Randepisode blieb, machte nun gerade jene „political dysfunction" sichtbar, die auch bei den frühneuzeitlichen Revolutionen in England und in den Niederlanden auftauchte: Antagonismen nicht so sehr zwischen ökonomischen Klasen, zwischen Arm und Reich, Adel und Bürgern[255], sondern innerhalb der das Reich regierenden Elite selbst. Karl V. setzte von sich aus das Edikt gegen Luther in Kraft, die Stände fühlten sich übergangen. Durch sofortige Befolgung des Edikts hätten sie die Handlungsweise des Kaisers sanktioniert und das Präjudiz geschaffen, daß Karl V. selbstherrlich die Acht — unter Umständen sogar direkt gegen einen Reichsstand — verhängen konnte[256].

[253] Skalweit S. 39, Konrad Repgen, Die Römische Kurie und der Westfälische Friede. Idee und Wirklichkeit des Papsttums im 16. und 17. Jahrhundert. Bd. I, 1. Papst, Kaiser und Reich 1521—1644. Tübingen 1962. S. 34 ff.

[254] Borth S. 126 f.

[255] Preconditions of Revolution S. 3, 13, Rittberger S. 513; Borth S. 128 spricht von „reichsrechtlich-politisch bedingte(n) ‚Verlaufsformen'" der Realisierung des Ketzerurteils.

[256] Dies ist im Hinblick auf die spätere Entwicklung des Reichsachtinstituts (und die kurfürstliche Gegenreaktion in den Wahlkapitulationen) scharf formuliert. Von der Theorie des „erschlichenen Reichsgesetzes", das die klerikal-kaiserliche Partei in präabsolutistischer Manier gegen die Stände erlassen habe, und von der Verschwörungstheorie, die lutherfeindliche Reichsstände für das Edikt verantwortlich machte (Paul Kalkoff, Luther und die Entscheidungsjahre der Reformation. Von den Ablaßthesen bis zum Wormser Edikt. München Leipz. 1917. S. 253 ff., 263 ff.) ist die Forschung abgerückt; (vgl. Repgen I, 1 S. 36 f., 37 Anm. 29). Es ging den Ständen eher darum, die „kaiserliche Ver-

Der junge Kaiser, der seinen Autoritätsanspruch so kräftig angemeldet hatte, konnte ihn nicht durchsetzen und wurde sogleich noch auf ernstlichere Weise zurückgeworfen. Der Krieg mit Frankreich und die habsburgische Hausmacht zwangen ihn bis 1530 außer Reichs. In Abwesenheit des weltlichen Arms der kirchlichen Autorität konnte die Reformation, vor allem in Hessen und in Kursachsen, ihre alles entscheidenden Anfangserfolge buchen[257]. Durch ständige außenpolitische Verwicklungen war Karl V. in den Anfangsjahren seiner Regierung an tatkräftiger Bekämpfung der Reformation gehindert, aber umgekehrt wirkten sich die Schwierigkeiten der innerdeutschen Lage auch negativ auf seine Aktionsfähigkeit gegen Türken und Franzosen aus; mit Rücksicht auf die dringend notwendigen Kriegssteuern, die ihm auch die Protestanten bewilligen mußten, war er allzuoft gezwungen, die Interessen der bei ihm Schutz suchenden Stifte und Stände mit äußerster Diplomatie zu behandeln. Die äußeren Verwicklungen von Kaiser und Reich, ein universalistisches Erbe, förderten die konfessionelle Revolution im Innern ganz erheblich. Der Kaiser konnte gegen starke Territorialherren zunächst nicht vorgehen und konnte auch innere Spannungen innerhalb der Territorien kaum nutzen[258]. Das Reich gab in den Stürmen der Reformation einen eher labilen Rahmen ab.

Dies ist aber keine Rückkehr zur These vom quasi naturnotwendigen Niedergang, denn die Krise des Reichs resultierte gerade aus der heftigen Rivalität der Reichsspitzen, von denen der Kaiser nach der universalen Autorität des Mittelalters zurückstrebte, die Stände, in der Tradition des ersten Reichsregiments und der Reichsreform stehend, nach mehr Autonomie verlangten. 1519 hatten die Kurfürsten dem Kaiser erstmals eine Wahlkapitulation aufgenötigt, die ihn in entscheidenden Fragen, wie in der Entscheidung über den Reichskrieg, an die Zustimmung der Stände oder zumindest der Kurfürsten band.

Vor diesem allgemeinen Hintergrund wird der Schwebezustand, in den das Wormser Edikt vom 25. Mai 1521 geriet, allerdings nicht voll verständlich. Das erste konfessionelle Bündnis wurde bemerkenswerterweise zwischen altgläubigen Ständen, nämlich

fügungsgewalt über die Acht einzuschränken" (Borth S. 127, 129, Wohlfeil, Reichstag S. 119—121). Vgl. zur kirchenrechtlichen Problematik des kaiserlichen Verhaltens Repgen I, 1 S. 35 ff.

257 Grundsätzlich Waelder S. 302—311, Dict. Théol. cath. 13, 2 Sp. 2036, wo der Religionskrieg mit den kriegerischen Verwicklungen von 1789, 1830, 1848 verglichen wird.

258 Franzen, Wied S. 99 ff., Michaelis S. 9, 205 f.

zwischen den bayerischen Herzögen, Erzherzog Ferdinand und zwölf süddeutschen Bischöfen auf dem Regensburger Konvent von 1524 geschlossen. Es hatte die Verwirklichung des Wormser Edikts in den Gebieten der vertragschließenden Parteien zum Gegenstand. Zu diesem Zeitpunkt war die Reformation vor allem in Sachsen und Hessen bereits in vollem Gange; je länger die Durchführung des Edikts verschoben wurde, desto weniger konnte es die in den Territorien geschaffenen vollendeten Tatsachen in Frage stellen. Statt die Krise zu kanalisieren, geriet die herrschaftliche Maßnahme der Reichsacht in immer größeren Gegensatz zur Realität. Da das Edikt den Anspruch in sich barg, seitens des Kaisers in die Territorien hineinzuregieren, war das Recht der territorialen Herrschaften, der Reichsfürsten, berührt; die Reformation und die kaiserliche Gegenmaßnahme machten den in der Reichsverfassung strukturell angelegten latenten Rechtskonflikt virulent, die Integrationskraft des reichsständisch-kaiserlichen Dualismus war ernstlich auf die Probe gestellt.

3. Neues Widerstandsrecht

Die auf dem Reichstag vertretenen Reichsstände waren zwar unmittelbare Untertanen des Kaisers, übten in ihren Gebieten aber die Herrschaft aus. Diese Herrschaft war nach Inhalt und Umfang vielfach abgestuft: hatten die großen Territorialherren mit der hohen Gerichtsbarkeit und der Kirchenhoheit bereits eine vorabsolutistische Stellung errungen, so waren bei den Prälaten noch die grundherrlichen Wurzeln der Herrschaft sichtbar. Diese eigentümliche Doppelstellung brachte es mit sich, daß jede Neubegründung der territorialen Obrigkeit auch die Untertanenrechte auf Reichsebene tangieren mußte. Es war deshalb wohl nicht zufällig, daß mit Machtinstinkt ausgestattete Herrscher wie Philipp von Hessen bereits vor Luther den Konnex zwischen dem reformatorischen Auftrag der Obrigkeit und dem reichsständischen Widerstandsrecht herstellten. Johann Brenz gestand 1529 zwar zu, daß die Kurfürsten, Fürsten, Grafen und Städte eine Mittelstellung einnähmen, weil sie teils Untertanen — gegenüber dem Kaiser —, teils Obrigkeiten — gegenüber den „gemeinen underthonen" — seien; er weigerte sich aber, daraus ein Widerstandsrecht der Reichsstände abzuleiten, weil der Kaiser stets Obrigkeit sei[259]. Hier ging Philipp von Hessen einen entscheidenden Schritt weiter: Hatte der Kaiser vertraglich ohnehin eingeräumt, daß er nur da, wo er „recht" tue, von den Ständen Gehorsam fordern könne, durfte der Kaiser selbst „in hohen weltlichen sachen" neue Gesetze „on einige vorwilli-

259 Gutachten Brenz 1529 XI 27 (RTA JR VIII, 1 S. 483—485).

gunge aller stende" nicht erlassen, so war erst recht nicht einzusehen, daß er über die Auslegung des Evangeliums befehlen und so die Verantwortung der Reichsfürsten für den rechten Glauben ihrer Untertanen beeinträchtigen könne[260]. Unter Rekurs auf die ständische Hierarchie der Reichsuntertanen wird der Widerstand dann auch theologisch gerechtfertigt; weil die „mindern obrigkeiten", Kurfürsten, Fürsten, Grafen und Städte, zwar dem Kaiser untertan, aber selbst wieder Obrigkeiten und als solche „Christen" sind, die der rechten christlichen Wahrheit nachleben müssen, haben sie in Gewissensbedrängnis das Recht, zum Schwert zu greifen[261].

Die Paradoxie, daß die Obrigkeit widerstandspflichtig wurde, knüpfte also am Reichsrecht an; bezogen auf einen besonderen Trägerkreis der Reichsverfassung wurde das Widerstandsrecht — bisher eher abstrakt naturrechtlich deduziert — der aktuellen politischen Realität angenähert[262]. Entsprechend diente im Calvinismus die religiöse Neufundierung des Staatsvertrags, der auf die Idee des Bundes zwischen Gott und seinem Volk gegründet wurde, der wirksamen Abwehr der Tyrannenherrschaft; theologische Begriffe gewannen Bedeutung für die bindende Kraft wie für die Revozierbarkeit der Verträge und damit der Herrschaft im sich ausbildenden säkularen Staatsrecht[263].

Obwohl die zitierten Gutachten nach dem Speyerer Protest von 1529 liegen, sind sie doch innerlich mit ihm verbunden. Es wurde schon bemerkt, daß das im Protest und bereits im Reichsabschied von 1526 ausgesprochene Prinzip der Gewissensverantwortung eigentümlich restringiert erscheint. Von vornherein wird zwar das eigene Gewissen aus der Zuständigkeit des Kaisers und der übrigen

[260] Landgraf Philipp von Hessen an Markgraf Georg von Brandenburg, 1529 XII 21 (RTA JR VIII, 1 S. 487—491).

[261] Heinz Scheible (Hg.), Das Widerstandsrecht als Problem der deutschen Protestanten 1523—1546. Gütersloh 1969. S. 74 f. (17).

[262] Herbert von Borch, Obrigkeit und Widerstand. Zur politischen Soziologie des Beamtentums. Tübingen 1954. S. 185 f., 177 in Auseinandersetzung mit der älteren Literatur.

[263] Gerhard Oestreich, Die Idee des religiösen Bundes und die Lehre vom Staatsvertrag. In: Die Entstehung des modernen souveränen Staates (= Neue wissenschaftliche Bibliothek 17). Hg. v. H. H. Hofmann. Köln Berlin 1967. S. 137 ff. Vgl. Carl Schmitt, Politische Theologie. Vier Kapitel zur Lehre von der Souveränität. München Leipz. 1934. S. 49: „Alle prägnanten Begriffe der modernen Staatslehre sind säkularisierte theologische Begriffe". Damit ist aber nicht nur Säkularisierung der Theologie, sondern auch Vergeistlichung des Staatsrechts angesprochen, wobei zu berücksichtigen ist, daß theologische Säkularisate bereits aus dem antiken Naturrecht stammen können, so z. B. bei Calvin.

Reichsstände ausgegrenzt, es wird aber eben nicht auf alle Gewissen ausgedehnt. Denn die protestierenden Stände wollten zwar der neuen Lehre bei den Untertanen der altgläubigen Territorien Vorschub leisten, sahen aber in ihrem Protest und in der 1526 sanktionierten Eigenverantwortung vor Gott die reichsrechtliche Legitimierung für die einheitliche Einführung der Reformation in ihren Gebieten. Hieran ließe sich nun in Abwandlung der marxistischen Auffassung die These knüpfen, das Originäre der Reformation sei die feudalistische Pacht der Gewissensentscheidung mit eigentlich ökonomischem Hintergrund gewesen, gerade über Gewissenswiderstand auf Reichsebene sei der Feudalismus restauriert worden. Abgesehen von den grundsätzlichen Aporien des marxistischen Feudalismus-Begriffs, trifft dies nicht zu, weil vierzehn Städte und damit überwiegend Teile des Bürgertums protestierten[264] und weil der Protest dem Landesadel der Territorien, also ebenfalls Feudalherren, nicht zugute kommen sollte. Aber auch auf Reichsebene selbst trat vor dem Gewissensprinzip, der materialen Wahrheitsversicherung der neugläubigen Obrigkeit, die feudale Solidarität zurück. Die Rebellion der protestierenden Reichsstände von 1529 war nicht mehr nur in direkter Konfrontation gegen das höchste weltliche Oberhaupt des Reichs und der Christenheit gerichtet; der Speyerer Protest gegen den Speyerer Reichsabschied, der Neuerungen im Reich verbot, war auch ein Akt der Separation: fünf Fürsten und vierzehn Städte ordneten sich der Mehrheit ihrer Kollegien nicht mehr unter, die sich das Recht genommen hatten, über Reichssachen eine Vorentscheidung zu treffen, bevor der Kaiser eine endgültige Entscheidung traf.

War dies eine „Revolution“ mit dem im Reichsrecht „herkömmlichen Mittel“ der „Protestation“[265] und mit neuer ideologischer Begründung? Die protestantische Minderheit appellierte vom Reichstag an den Kaiser, sie schickte am 14. Juli 1529 eine Gesandtschaft an Karl V. nach Piacenza und bat einen christlichen

[264] Vgl. Erweiterte Protestation 1529 IV 20: Sie berufen sich auf den Reichsabschied von 1526, verweisen auf die „gutherzigen undertanen“, vor denen sie und die altgläubigen Fürsten nicht bestehen können, betonen, daß „einander widerwertig messen“ Unruhen hervorrufen, und „gedenken mit der gnad und hilf gottes entlich bei dem zu beleiben, das allein gottes wort und das h. evangelion alts und neus testaments in den biblischen buchern verfast lauter und rain gepredigt werde und nichtz das dawider ist“ (RTA JR VII, 1 S. 1275 ff., 1280, 1283).

[265] Johannes KÜHN, Die Geschichte des Speyrer Reichstags 1529 (= Schriften des Vereins für Reformationsgeschichte 146). Leipz. 1929. S. 190 ff., 230.

Kaiser, „bei verlierung irer selen seligkeit und verdamnus allein uf dem stracken bevelch und wort Gotes verharren und je gern christen sein und pleiben“ zu dürfen[266]. Es fällt schwer, von Revolution zu sprechen, obwohl die Unbedingtheit des protestantischen Wahrheitsbewußtseins auch hier anklingt und der Widerstand auf Reichstagen in seiner neuen Begründung Religionskrieg einschließt. Eher handelte es sich bei dem Protest um eine die Reformation in Städten und Territorien flankierende Maßnahme auf Reichsebene, die sich an die Formen des Reichsrechts hielt, von Rechtsbruch entfernt war. Dennoch war der Reichstag gewissermaßen ein „vehicle of protest“, wo die Reformation rechtlich abgesichert wurde. Die bürgerlichen Juristen, die damals schon an den Reichstagsgeschäften entscheidenden Anteil nahmen[267], wußten allerdings, wie weit sie gehen konnten, und auf dem Reichstag von 1529 wurden neben der Religionsfrage immerhin noch die Türkenhilfe, die Hals- und Kammergerichtsordnung, Münz- und Monopolgesetzgebung intensiv behandelt[268].

4. Evolutionärer Strukturwandel

Dennoch aber sind der Protest von Speyer und die ihm folgenden Bündnisverhandlungen der Minderheitsstände Ausgangspunkte eines wichtigen Strukturwandels in der Reichsorganisation und Reichsverfassung geworden. Dem Kaiser gab der Protest zunächst Gelegenheit, sich zum Anwalt der katholischen Reichstagsmehrheit im Kurfürsten- und Fürstenrat aufzuwerfen, die ohnehin auf ihn angewiesen war: Er verlangte von der Minderheit auf das Entschiedenste, sie solle nach altem „herkomen“ den Mehrheitsbeschlüssen „gemeiner reichsversamlung“ sich beugen[269]. Die neugläubigen Reichsstände entzogen sich aber konsequent der innerhalb der Kurien herrschenden Mehrheit, indem sie allmählich gemeinsam auftraten, intern abstimmten, als Corpus Evangelicorum ihre Beschlüsse in bilaterale Verhandlungen mit den Altgläubigen einbrachten. Sie zwangen dadurch die katholischen Reichsstände, auf Dauer ein Gleiches zu tun und sich ebenfalls als Bekenntnispartei auf Reichsebene zu konsolidieren[270]. Die evangelische Min-

[266] 1529 X 13 (RTA JR VIII, 1 S. 162).

[267] Gerhard Oestreich, Zur parlamentarischen Arbeitsweise der alten Reichstage unter Karl V. (1519—1556). In: Mitteilungen des Österreichischen Staatsarchivs 25 (1972) S. 235 Anm. 44.

[268] Ebd. S. 233.

[269] Mandat von 1529 VII 12 (nicht zugestellt), RTA JR VIII, 1 S. 696, Antwort an die Protestierenden von 1529 X 12 (ebd. S. 158).

[270] Fritz Wolff, Corpus Evangelicorum und Corpus Catholicorum auf dem Westfälischen Friedenskongreß. Die Einfügung der konfessionel-

derheit, die beständig damit rechnen mußte, überstimmt zu werden, bildete ein eigenes Mehrheitsgremium aus und trat in jahrzehntelang währende, von Reichstag zu Reichstag wieder aufgenommene zweiseitige Verhandlungen über ihre konfessionelle Autonomie ein. Die Absprachen, Einungen und Bünde, aus denen das Corpus Evangelicorum hervorging, verfestigten sich aber genau nach dem Prinzip, das innerhalb der überlieferten Kurien selbst herrschte, zu Korporationen: Ein neuer Teilnehmerkreis fand sich zu Beratungen zusammen, deren Ergebnis in mehrheitlich oder einmütig gefaßtem Beschluß niedergelegt wurde. Bei allem Wandel schlug jener Konsensmechanismus durch, der im ausgehenden 15. Jahrhundert zur Bildung der drei Ständekurien geführt hatte: intern mehrheitliche Willensbildung über einem gemeinsamen Begriff von Interesse und Gemeinwohl, extern bi- und multilaterale Ausgleichsverhandlungen im Rahmen eines Gemeinwohls, das über den Gruppen stand. Nur trat an die Stelle einer ständisch gedachten Vorgegebenheit des Interesses das Kristallisationsprinzip des gemeinsamen Bekenntnisses. Die korporativen Strukturgesetze des Reichstags, die korporative Neubildungen mit neuem Teilnehmerkreis zuließen[271], retteten die Reformation auf Reichsebene, und dies kam auch ihrem Erfolg in den Territorien und Städten zugute.

Dennoch bleibt der Gedanke der ständischen Abgrenzung der Reichstagsgremien stark. Überschaut man die gesamte Entwicklung der Corpora bis zur reichsrechtlichen Anerkennung, die erst 1648 erfolgte, so ist festzustellen, daß innerhalb der Corpora zunächst noch Kurfürsten, Fürsten und Städte getrennt abstimmten.

Zumal die höheren katholischen Reichsstände empfanden nicht so solidarisch, daß sie zur Zurückdämmung des Protestantismus im Reich eine Nivellierung ihrer Standesprivilegien in Kauf genommen hätten. Nach seinem militärischen Sieg über die Protestanten plante Karl V., dem die Stände wegen ihrer konfessionellen Spaltung nicht geschlossen gegenübertreten konnten, den Umbau der Reichsverfassung in einen neuen Reichsbund. Für die Bundesverhandlungen vor Eröffnung des Augsburger Reichstags 1547 forderten die kaiserlichen Kommissare einen Bundesausschuß, der mit vier Kurfürsten, je vier geistlichen und weltlichen Fürsten, je zwei Prälaten, Grafen und Reichsrittern und mit vier Reichsstädten be-

len Ständeverbindungen in die Reichsverfassung (= Schriftenreihe der Vereinigung zur Erforschung der Neueren Geschichte 2). Münster 1966. S. 6 ff.

271 Nur insoweit trifft Rosenstock (1931) S. 210 mit seiner These von der „Demokratisierung", d. h. der horizontalen Angleichung der Reichsstände das Richtige, doch war „Hierarchie" gerade nicht, wie Rosenstock behauptet, das genuine Verfassungsmerkmal der Reichstage.

setzt werden sollte, die ohne Anweisung ihrer Ständegremien abstimmten; das Reichstagsplenum sollte dann zusammen und ohne in die Kurien auseinanderzutreten, über die Beschlüsse des Ausschusses entscheiden. Diesem „Umsturz der Reichsverfassung auf kaltem Wege"[272] wußten sich die Kurfürsten so energisch zu widersetzen, daß sogar der interständisch zusammengesetzte Große Ausschuß auf den späteren Reichstagen abgeschafft wurde. Dem Kaiser gelang es nicht, die parlamentarische Arbeit unter seiner Führung zu zentralisieren und eine gefügige Mehrheit aus kleineren Reichsständen zu bilden; für die Zukunft wurde die Kurienverfassung wieder maßgeblich. Die Überziehung des ständischen Prinzips, mit dessen Rückhalt die Protestanten bisher auf Reichstagen gekämpft hatten, hatte zum Rückschlag und zur Gefahr einer Revolution von oben geführt. Die Bewegtheit der Zeit, der schnelle Umschlag der Konjunkturen wurden noch einmal sichtbar, als fünf Jahre nach diesem frühabsolutistischen Versuch der Kaiser vor dem Aufstand der evangelischen und katholischen Fürsten fliehen mußte.

Die konfessionelle Dynamik des Reformationszeitalters setzte sich in den territorialen Auseinandersetzungen des 16. Jahrhunderts fort und lebte im Dreißigjährigen Krieg wieder auf: Es kam zu gegenrevolutionären Aktionen des Kaisers wie zu dem Restitutionsedikt[273] und zu den macchiavellistischen Wechseln konfessionellen Besitzstands im Religionskrieg.

Auf lange Sicht wirkte sich die Reichstagsorganisation als stabilisierender Faktor aus; das friedliche Gespräch über konfessionelle Fragen war hier institutionalisiert: Es ist immerhin bezeichnend, daß 1618 der große Krieg begann, nachdem 1613 die Konfessionsparteien auf dem Reichstag im Streit auseinandergegangen waren. Auf Reichsebene vollzog sich die „schrittweise Preisgabe des Wormser Edikts"[274] von der Suspension der Kammergerichtsprozesse auf dem Nürnberger Anstand von 1532 bis zur reichsrechtlichen Anerkennung der Augsburgischen Konfession im Augsburger Religionsfrieden von 1555. Die Wiedervereinigung der „spaltigen religion", mit der die Christen auch dann noch rechneten,

[272] Oestreich, Arbeitsweise S. 239, 237—240; Horst Rabe, Reichsbund und Interim. Die Verfassungs- und Religionspolitik Karls V. und der Reichstag von Augsburg 1547/48. Köln Wien 1971. S. 161 ff.

[273] Man wird mit Helmut Urban, Das Restitutionsedikt. Versuch einer Interpretation. Phil. Diss. Berlin. München 1968. S. 235 ff., 301 den Rechtscharakter des Restitutionsedikts nicht völlig verneinen können, doch verstieß es klar gegen den paritätischen Geist der Reichsverfassung und stellte den inzwischen verfestigten Konfessionsstand des Protestantismus umstürzend in Frage.

[274] Skalweit S. 48 ff.

wurde nie erreicht, aber das Ringen darum führte zu den formalen Freiheitsbestimmungen im politischen Raum, die ein friedliches und geordnetes Zusammenleben der Konfessionen ermöglichten. Was als innerkirchliche Auseinandersetzung im Reich begonnen hatte, endete mit der säkularisierten politischen Garantie für zwei innerkirchliche Freiheitsräume. Das Corpus Evangelicorum erzwang den Verzicht auf verbindliche theologische Aussagen des Reichs und auf gravierende Änderungen des konfessionellen Bestands. Das Corpus Catholicorum konnte diese aber nur anstreben, indem es die Religionsfrage ganz eng definierte und seine Restitutionswünsche gerade als Politica ausgab, wo den „maiora" stattgegeben werden mußte. Religionsfragen waren der Mehrheitsentscheidung entzogen und mußten zwischen den Corpora ausgehandelt werden. Die Religionsübung war damit auf Reichsebene zum Grundrecht geworden, ein dauerhaftes Ergebnis des ständischen Widerstandsrechts. Bei der aristokratisch-korporativen Struktur des Reichstags und der relativen Autonomie der Stände[275] hatte eine Seite die andere nicht zum Nachgeben zwingen können; die Situation des Patt zwischen gleich starken Partnern führte zur Duldung abweichender Ansichten. Paradoxerweise wurde das Heilige Reich lange vor der Aufklärung zum ersten, partiell toleranten Staatswesen in Europa. Die Reichsidee ist nicht in der klassischen Weise der kleindeutschen Historiographie als Relikt katholischer Einheitskultur des Mittelalters zu definieren. Ihr politischer Inhalt reichte vor die Reformation zurück und bewährte sich im konfessionellen Zeitalter.

Allerdings lag in der Konsequenz der Reformation auf Reichsebene nicht die revolutionäre Ausformung oder der evolutionäre Gewinn innerkirchlicher Freiheit des Individuums. Die Reichsfreiheit galt nur für die Konfessionen, begründete aber kein staatliches Schutzrecht für die Autonomie des religiösen oder areligiösen Individualgewissens innerhalb der konfessionellen Kirchen[276]. Das Reich hat also Teil am „rationalen Trend" der Versachlichung, und die Reformation erscheint vor allem in ihren Folgen als Etappe eines evolutionären Prozesses, der mit der genossenschaftlichen Organisation der obersten Reichsglieder im 13. Jahrhundert begonnen hatte.

[275] Vgl. allgemein Robert von KELLER, Freiheitsgarantien für Person und Eigentum im Mittelalter. Eine Studie zur Vorgeschichte moderner Verfassungsgrundrechte. Heidelberg 1933. S. 302 f.

[276] Martin HECKEL, Sinn und Wandel der Freiheitsidee im Kirchenrecht der Neuzeit. In: Zeitschr. der Savigny-Stiftung f. Rechtsgeschichte Kan. 55 (1969) S. 426 f.

IV. Reformation und Stadt

1. Vorbedingungen für Revolution

Geht man von einer populären, mehr äußerlichen Vorstellung von Revolution aus, so weist die Reformationsgeschichte in den Städten durchgängig zumindest revolutionäre Begleiterscheinungen auf. Die Einführung der Reformation ging häufig mit Unruhe und Aufruhr einher, die Bürgerschaft, die Gemeinde, das Volk werden als Akteure eines teilweise turbulenten Geschehens in den Quellen genannt. Während die territoriale Reformationsgeschichte von etatistisch-obrigkeitlichen Zügen geprägt schien, in denen ein autoritäres und idealistisches Staatsverständnis sich selbst wiederzuerkennen glaubte, wurde im Hinblick auf die städtische Reformationsgeschichte die Möglichkeit einer entgegengesetzten Interpretation gern wahrgenommen: Bereits im 19. Jahrhundert suchte sich ein linksliberales, nationales und demokratisches Selbstverständnis in der städtischen Reformationsgeschichte, wie an der mittelalterlichen und frühneuzeitlichen Stadtgeschichte überhaupt, historische Vorläufer. Hier liegen auch Wurzeln der Auffassung von einer „frühbürgerlichen" Revolution, die auch in dieser Hinsicht mehr ideologisches Traditionsgepäck mit sich trägt als aller angegriffene Positivismus. Schlüsselbegriffe wie Bürger, Volk und Genossenschaft wurden teilweise sehr freigiebig verwendet[277].

Allerdings scheinen in den städtischen Gemeinschaften viele moderne Züge des Zusammenlebens vorweggenommen zu sein. Herrschaftsausübung und Herrschaftskontrolle waren hier intensiver entwickelt als auf dem Land, das Zusammenleben in den engen Stadtmauern bot mehr Reibungsflächen, kapitalistische Arbeitsauffassung war lange vor dem 19. Jahrhundert bei den städtischen Fernhändlern entwickelt, die Coniuratio kann als Vorstufe moderner Konstitution angesehen werden, die sorgsame Regelung des öffentlichen Lebens durch Mandate und Statute als die Vorstufe moderner positiver Gesetzgebung.

Fragt man nach Vorbedingungen einer reformatorischen Revolution, so ist als erstes darauf hinzuweisen, daß die europäische Stadt nachweisbar bereits seit Beginn des 13. Jahrhunderts Austragsort der verschiedensten politischen und sozialen Spannungen war. Aufstände der Stadtbewohner gegen die Herren des Landes führ-

[277] So bei C. H. Wilh. Sillem, Die Einführung der Reformation in Hamburg (= Schriften des Vereins für Reformationsgeschichte 16). Halle 1886. S. 70, passim; noch Albert Schulze, Bekenntnisbildung und Politik Lindaus im Zeitalter der Reformation. Nürnberg 1971. S. 4: Lindaus „demokratische Struktur kam der Reformation als breiter Volksbewegung entgegen".

ten überhaupt erst zur Exemtion städtischer Friedensbereiche; nachdem die Selbständigkeit errungen worden war, verlagerten sich die Spannungen nach innen. Es fanden blutige Auseinandersetzungen zwischen Stadtregiment und Bürgern statt, die häufig von außen geschürt wurden. Von 1245 bis 1285 breiteten sich von Oberitalien (Florenz, Bologna) und Spanien (Barcelona) bis nach Nordfrankreich (Rouen), nach den Niederlanden (Brügge, Ypern, Douai, Tournai, Lüttich) und bis an den Rhein (Köln) städtische Aufstandsbewegungen aus: Geschlechterfehden, Verfassungsumsturz, soziales Aufbegehren der Handwerker, der Zünfte, der aufsteigenden nicht-patrizischen Schichten werden als Leitmotive sichtbar[278], die auch in Zukunft wirken. Auch im 14. und 15. Jahrhundert waren Auflauf und Unruhe häufig, mit der Vertreibung und Hinrichtung pflichtvergessener Ratsherren ist man zumal in den norddeutschen Städten niemals zimperlich gewesen. Spektakuläre Aufstände, denen teils Verfassungsänderungen folgten, flackerten in Braunschweig 1374, in Lübeck 1380, 1384, 1403—1416, in Wismar 1427 auf; betrachtet man allein Rostock genauer, so verzeichneten die Chronisten in dieser Seestadt die Wirren von 1286/87, 1299, 1312, 1314, 1408, 1410, 1427, 1489 und äußerten dazu die Meinung, daß den Rostockern ein besonderer Geist der Zwietracht eigen sein müsse[279]. Aber in den anderen Städten waren Aufstände nicht viel seltener.

Ein einheitliches Motiv dieser Revolten, das über regionale Sonderprobleme wie Armut, Hungerkrisen und auswärtige Verwicklungen hinausging, wird in der Zunftbewegung des 14. Jahrhunderts faßbar: 1310, das Jahr der Einführung der Zunftverfassung in Rottweil[280] und 1396, als in Köln die Geschlechter durch die zunftähnlichen Korporationen der Gaffeln abgelöst wurden[281], können als eingrenzende Daten gelten. Verschuldung der Stadt war

[278] Edith ENNEN, Europäische Züge der mittelalterlichen Kölner Stadtgeschichte. In: Mitteilungen aus dem Stadtarchiv von Köln 60 (Köln, das Reich und Europa). Köln 1971. S. 38 f.

[279] Zahlen aus Manfred HAMANN (Bearb.), Mecklenburgische Geschichte. Von den Anfängen bis zur Landständischen Union von 1523 (= Mitteldeutsche Forschungen 51). Köln-Graz 1968. S. 317—325.

[280] Ruth ELBEN, Das Patriziat der Reichsstadt Rottweil. Von den Anfängen bis zum Jahre 1550 (= Veröffentlichungen der Kommission für geschichtliche Landeskunde in Baden-Württemberg Bd. 30). Stuttg. 1964. S. 10.

[281] Wolfgang HERBORN, Bürgerliches Selbstverständnis im spätmittelalterlichen Köln. Bemerkungen zu zwei Hausbüchern aus der ersten Hälfte des 15. Jahrhunderts. In: Die Stadt in der Europäischen Geschichte. Festschrift E. Ennen. Bonn 1972. S. 501 f.

ein häufig genannter Beweggrund der Aufrührer; um das Finanzgebaren des Rates kontrollieren zu können, erhielten die Meister der Zünfte Sitz und Stimme im bisher patrizisch besetzten Rat. Die Revolutionen wurden damit institutionell aufgefangen; die aufstrebenden Berufsgruppen erreichten Befriedigung ihrer Machtansprüche, indem sie durch ausgeklügelte Paritäten- und Wahlsysteme an der Stadtregierung beteiligt wurden. Auch neue Erhebungen von Zünftlern, die in die Zunftverfassung nicht aufgenommen worden waren, wurden nach dem gleichen Prinzip, Eingliederung der Aufständischen in den Rat, besänftigt[282]. Ähnlich reagierten angegriffene Stadträte auf sogenannte Ausschüsse von Gemeinsfreunden, die im Namen der Bürgerschaft Forderungen anmeldeten. Der Rat gestand einer begrenzten Anzahl von ihnen Mitspracherechte zu, öffnete seine Stellen partiell den Gemeindevertretern, die dadurch selbst zur Herrschaft aufstiegen. Die verfassungspolitische Amalgamierung, die auch darin zum Ausdruck kam, daß sich Patrizier in zunftartigen Gesellschaften organisierten, wurde durch die soziale Zusammensetzung der Führungsschichten gefördert, in der nicht gerade harsche Gegensätze herrschten: Die Ratsmitglieder mußten für die Regierung „abkömmlich" sein, sie kamen deshalb aus einem Kreis, der Zeit hatte, finanziell sichergestellt war und Erfahrung aus gesellschaftlichen und geschäftlichen Beziehungen nach auswärts mitbrachte. Auch in den Städten mit Zunftverfassung trieben Teile des Patriziates Fernhandel, ebenso wie die an der Regierung beteiligten Spitzen der Zünfte[283]. Die Fernhändler aber gehörten statusmäßig nach den Patriziern zur städtischen Oberschicht.

Am Vorabend der Reformation scheint in den Städten eine ernsthaftere Krisensituation als in früheren Jahrzehnten nicht bestanden zu haben. Räte und Ausschüsse besaßen zweifellos eine gewisse Stabilität, da sie vorangegangene Aufstandsbewegungen institutionell verkraftet hatten. 1482 pries Erasmus die ausgewogene Verfassung Straßburgs, die von den klassischen Staatsformen der Monarchie, der Aristokratie und Demokratie die besten Elemente enthalte[284]; dem Lob mag ein gewisses äußeres Bild von Wohl-

[282] Erich MASCHKE, Verfassung und soziale Kräfte in der deutschen Stadt des späten Mittelalters, vornehmlich in Oberdeutschland I, II. In: VSWG 46 (1959) S. 315 f., 289 ff., 475, Edi Joos, Die Unruhen der Stadt Konstanz 1300—1450. In: Zeitschrift für Geschichte des Oberrheins 116 (1968) S. 31 ff., 46—53.

[283] MASCHKE S. 433, Bernd MOELLER, Reichsstadt und Reformation. Gütersloh 1962. S. 17, 11 f.

[284] Basil HALL, The Reformation City. In: Bulletin of the John Rylands Library 54 (1971) S. 135 ff.

stand und Zufriedenheit entsprochen haben. Macchiavellis Urteil über die deutschen Städte im allgemeinen lautete ganz ähnlich.

Empfindliche Fremdkörper im geschlossenen Stadtbereich stellten allerdings die geistlichen Institute dar: Stifte, Ordensklöster, der dem zuständigen Bischof oder einem nahe residierenden Abt unterstellte Weltklerus mit seinen Steuerfreiheiten und Präsenzrechten[285]. Die kleine Reichsstadt Isny war rings von fremdem Territorium eingeschlossen und mußte in ihren Mauern die Benediktinerabtei dulden, deren Abt über die Kirchen der Stadt befand[286]. In den großen Reichsstädten sind kleinere Abhängigkeiten von deren erheblicherem Selbstbewußtsein ebenso ungern ertragen worden. In Nürnberg besaß zwar der Rat ein Präsentationsrecht für Priester und Kirchenpfleger, er war aber gezwungen, die Entscheidung Papst Hadrians VI., der ein darauf bezügliches Privileg seines Vorgängers Leo X. widerrief, zu respektieren[287]. Besonders in den Bischofsstädten wie Konstanz lagerten beträchtliche Vermögen der kirchlichen Hand. Klöster auf dem platten Land besaßen Back-, Brau-, Mühlen- und andere Gewerberechte, die dem städtischen Handwerk Konkurrenz boten, kirchliche Institute trieben auch Geldgeschäfte mit zinshohen Anlagen von 6—8 %; das Stettiner Nonnenkloster versorgte die pommerschen Herzöge mit Krediten[288]. Verbotenes Zinsnehmen wurde durch Rentenkauf umgangen; Exemtionen von Zoll-, Wach- und Wegeabgaben waren eine Bevorzugung der geistlichen Wirtschaftsbetriebe.

Anlaß zu Differenzen mit der Stadtregierung bot aber wohl in erster Linie die geistliche Gerichtsbarkeit. Die Unterstellung der Ehesachen unter das geistliche Gericht wurde wohl weniger als moralisches Problem empfunden, da auch die weltlichen Ehegerichte der Reformationszeit hohe moralische Anforderungen an die Ehe aus der Bibel ableiteten; sie wird eher als Aufspaltung der Zuständigkeit und Störung aufgefaßt worden sein. Denn zu Ehesachen gehörten auch Testamentsangelegenheiten; deshalb konnten z. B. Schuldner über ihre Ehefrau beim geistlichen Gericht Zuflucht suchen oder geistliche Personen, die nicht belangbar waren, zum gesetzlichen Vertreter ernennen. Die geistlichen Gerichte mit ihren Appel-

285 Erika GRANER, Die Reformation in Heilbronn und ihre Einwirkung auf die Ordnung des Gottesdienstes (= Kleine Schriften des Archivs der Stadt Heilbronn 3). Heilbronn 1971. S. 9 f.

286 Hermann TÜCHLE, Die oberschwäbischen Reichsstädte Leutkirch, Isny und Wangen im Jahrhundert der Reformation. In: Zeitschrift für Württembergische Landesgeschichte 29 (1970) S. 57.

287 HALL S. 125.

288 HEYDEN I S. 262—265, FRANZEN, Wied S. 8.

lationsinstanzen boten auch Gelegenheit, Prozesse aus der Stadt herauszuziehen und so die städtische Jurisdiktion zu schmälern.

Im frühen Mittelalter hatte die kirchliche Jurisdiktion, beispielsweise in Form des Sendgerichts, Organisationsschwächen des weltlichen Gerichts wettmachen und eine Verbesserung der Rechtsverhältnisse herbeiführen können[289]. Nachdem aber die Rechtsprechung immer mehr der politischen Gewalt zugefallen war, entstand die schwierige Situation, daß die Kirche weiterhin bei der Durchführung ihrer Urteile auf einen weltlichen Arm angewiesen war, der die Anwesenheit der Rechtsinstanz Kirche im staatlich(-städtischen) Bereich zunehmend überflüssig machte. Der Dualismus der beiden Rechtssphären in Sache und Organisation war teilweise zur Rivalität gesteigert worden, zumal die starke religiöse Aktivität des Spätmittelalters, Reliquienkult, Wallfahrtswesen, Wundersucht, kirchliches Vereinswesen und Stiftungen sich vor allem in den Städten entlud und hier auch Rechtsprobleme aufwarf[290]. Da die Exekution der geistlichen Rechtssprüche nach wie vor bei den politischen Stellen lag, mußte hier jede Willensänderung auf das Gesamtgefüge die entschiedensten Auswirkungen haben. Natürlich hatte es in Städten wie Köln, die im Stiftsgebiet eines Bischofs lagen, bereits Kriege mit den bischöflichen Stadtherren gegeben; hier war es aber um die Abgrenzung von Herrschaftsbereichen gegangen, die Grundlage der Herrscherposition beider Seiten war nicht berührt worden. Die ungelöste Rivalität zwischen kirchlicher und städtischer Rechtssphäre hatte keine Vorgeschichte offenen Konflikts; die Belastbarkeit dieses Spannungsgefüges war noch nicht so erprobt worden wie der institutionelle Zusammenhalt der Stadt in den sozial, ökonomisch und machtpolitisch motivierten Revolten seit 1250.

2. Prediger, Volk und Rat

Die Einführung der Reformation in den Städten verlief nirgendwo in völlig gleicher Weise. Dennoch lassen sich, bei aller Proble-

[289] Vgl. Wolf-Heino STRUCK, Die Sendgerichtsbarkeit am Ausgang des Mittelalters nach den Registern des Archipresbyterats Wetzlar. Ein Beitrag zur Geschichte der sittlichen Zustände und des kirchlichen Lebens am Vorabend der Reformation. In: Nassauische Annalen 82 (1971) S. 104 ff., 137; BRECHER S. 218 ff. Böses Blut machte es auch, daß die Geistlichkeit mit Bann und Interdikt gegen Schuldner vorging, die ihren finanziellen Verpflichtungen nicht sogleich nachkamen. Vgl. Heide STRATENWERTH, Die Reformation in der Stadt Osnabrück (= Veröffentlichungen des Instituts für Europäische Geschichte Mainz 61). Wiesbaden 1971. S. 39.

[290] GRANER S. 10—12, HEYDEN I S. 272.

matik einer Generalisierung auf engem Raum, verschiedene Etappen und Grundmodelle aufzeigen. Entscheidend war, daß neugläubige Prediger oder Pfarrer in der Stadt Fuß faßten. Vor allem die Prediger besaßen große Einflußmöglichkeiten. Die Stiftung einer Prädikatur war im 15. Jahrhundert ein beliebtes Rechtsmittel der Stadt gewesen, die kirchliche Stellenbesetzung im eigenen Hoheitsbereich einzuschränken und zu ergänzen, sie konnte durch wohlhabende Privatpersonen oder seitens des Stadtrats selbst erfolgen[291]. Die Stifter verlangten von den Predigern stets den Nachweis akademischer theologischer Ausbildung. Die Prädikanten befanden sich damit gegenüber den Pfarrern und besonders den Vikaren häufig auf einem neueren theologischen Bildungsstand, die Sache selbst begründete ein gewisses Konkurrenzverhältnis, und das allgemeine Ansehen der Prädikanten konnte sich auch auf die neu in die Stadt kommenden lutherischen und zwinglischen Prädikanten übertragen.

Diese Prediger, aber auch die auf ihrer Pfarrstelle oder Vikarie zur Reformation übergehenden Geistlichen waren die eigentlich treibenden Kräfte der kirchlichen Neuerung. Sie bildeten, abgesehen von den rein rechtlichen Problemen ihrer Anstellung, einen beständigen Unruheherd. Auch wenn sie keine Predigterlaubnis erhielten, gewannen sie rasch Zulauf und zogen mit ihren Anhängern vor die Tore der Stadt. Innerhalb der Kloster- und Stadtkirchen machten sich Alt- und Neugläubige den Gottesdienst streitig. Es kam zu turbulenten Szenen, Unterbrechungen der alt- und neugläubigen Predigt, besonders die liturgischen Gesänge der Stiftungsmessen wurden von den Neuerern angegriffen. Man suchte zwar den alten Gottesdienst zu beeinträchtigen und ihm die Besucher abspenstig zu machen, wollte aber die eigene Predigt nicht stören lassen. Es war noch ein zeitbedingter Grobianismus, daß der Pfarrherr von St. Nikolai in Hamburg, Johann Zegenhagen, den Vikaren vorwarf, für ihre Bäuche zu singen; aber in Stralsund wurde ein Barbier, der mit einer quakenden Ente auf dem Arm und einem Schnapsglas in der Hand den aller Trunksucht abgeneigten neugläubigen Prediger vor versammelter Gemeinde persiflierte, von den erregten Zuhörern ergriffen, in einen Sack gesteckt und im Stadtgraben ertränkt[292]. Symptomatisch war, daß der Lin-

291 Tüchle S. 55 f.; Graner S. 12 nennt den Fall der Patrizierin Anna Mettelbach in Heilbronn, die ein Predigtamt in Heilbronn stiftete: der Rat bezahlte den Prädikanten und hatte die Verfügungsgewalt über die Stiftung.

292 Sillem S. 67, 56; Otto Plantiko, Pommersche Reformationsgeschichte. Greifswald 1922. S. 37; Stratenwerth S. 71.

dauer Reformator Michel Hug von dem Sünfzenmitglied und Patrizier Oswald Kröll mit dem Argument verteidigt wurde, er habe das reine Gotteswort gelehrt „unnd alweg darbey erbotten, wer der wer, der in mit der hailigen geschrifft ains bessern weisen kund, wellt er gern folgen“[293]. Neugläubige Geistliche wie Sigmund Rötlin in Lindau und Johannes Wanner in Konstanz setzten sich energisch für die Verbreitung der neuen Lehre ein, obwohl ihre Stellung zwischen Luthertum und Zwinglianismus geschwankt haben muß[294]. Der Angriff auf das alte Kirchenwesen überspülte theologische Differenzierungen[295]. Die Prädikanten wirkten überregional und wechselten oft den Ort ihrer Tätigkeit: Johann Zegenhagen ging von Magdeburg nach Hamburg, Urbanus Rhegius trat in Augsburg und Lüneburg auf. Viele der neugläubigen Pfarrer und Prediger entstammten der Schicht, die sie angriffen, nämlich dem geistlichen Stand und dem Ordensklerus, aus dem auch viele ihrer Ehefrauen kamen[296].

Es ist unbezweifelbar und oft bezeugt, daß die neue Predigt unter den Stadtbürgern viel Zulauf und Anklang fand. Auf der anderen Seite fehlt es an exaktem statistischem Beweismaterial über den zahlenmäßigen Anhang der „Volksreformation“[297] und die ihr zugrundeliegenden Mehrheitsverhältnisse. Die Menschen sammelten sich in Bürgerhäusern, Klöstern und Kirchen, ohne daß man weiß, wie viele zu Hause geblieben sind. Predigten wurden eifrig besucht, das Volk wurde Zeuge rhetorischer Kraftakte bei Kanzelduellen, es verübte Gewalttätigkeiten gegen den oft verhaßten Klerus und die Klöster. Soziale und politische Unruhen kamen

293 Zit. nach SCHULZE, Lindau S. 7; STRATENWERTH S. 36, 68, 72.

294 SCHULZE, Lindau, S. 10 f., Hans-Christoph RUBLACK, Die Einführung der Reformation in Konstanz von den Anfängen bis zum Abschluß 1531 (= Quellen und Forschungen zur Reformationsgeschichte 40). Karlsruhe 1971. S. 20.

295 Ingeborg WISSMANN, Die St. Galler Reformationschronik des Johannes Kessler (1503—1574). Studien zum städtischen Reformationsverständnis und seinen Wandlungen im 16. Jahrhundert in der Sabbata. Phil. Diss. Tübingen 1972. S. 66, Carla KRAMER-SCHLETTE, Vier Augsburger Chronisten der Reformationszeit. Die Behandlung und Deutung der Zeitgeschichte bei Clemens Sender, Wilhelm Rem, Georg Preu und Paul Hektor Mair. Lübeck Hamburg 1970. S. 66 f., Josef SEUBERT, Untersuchungen zur Geschichte der freien Reichsstadt Dinkelsbühl (= Historische Studien 420). Lübeck Hamburg 1971. S. 29 f., 46 ff.

296 WREDE S. 84 f., SILLEM passim.

297 Franz LAU, Der Bauernkrieg und das angebliche Ende der lutherischen Reformation als spontaner Volksbewegung. In: Luther-Jahrbuch 26 (1959) Berlin Hamburg 1959. S. 109 ff., HEYDEN I S. 275: „Wille des Volkes, der sich stetig durchsetzt“.

hinzu wie in Stralsund und Stolp. In Stralsund wirkten die Mißwirtschaft des Rates und der Streit zwischen zwei Bürgermeistern verschärfend: Dort fand 1524 eine „Revolte" statt, die Aufständischen organisierten einen Achtundvierziger-Ausschuß, nach dem Kirchensturm vom 10. April 1525 wurden die Evangelischen in den Rat aufgenommen, der sogleich einmütig den Beschluß zur Einführung der neuen Lehre faßte[298]; die katholische Geistlichkeit floh aus der Stadt und konnte nach ihrer Rückkehr nur im geheimen die Messe lesen. Ähnlich verlief die Entwicklung in Greifswald, wo aber der Eingriff des protestantischen Herzogs 1531 entschieden hat, nachdem die Bürgerschaft unter den alten Mächten heimlich evangelisch geworden war.

Häufig wies der Rat in seinen Protokollen und Briefen darauf hin, daß viel Unruhe in der Stadt und viel Volk der neuen Predigt anhängig sei. Dies müssen nicht immer unvoreingenommene Tatsachenfeststellungen gewesen sein; der Rat konnte auch ein Interesse daran haben, die Einführung der Reformation, die ja stets von ihm verfügt werden mußte, mit seiner Pflicht zur Wahrung der Einigkeit zu rechtfertigen[299]. Als der Rat von Heilbronn 1531 die Messe abschaffte und die ganze Bürgerschaft schwören ließ, beim Rat zu stehen, soll nur ein Handwerker sich dem widersetzt haben[300].

Die Bedeutung des Rats für die städtische Reformationsgeschichte kann wohl nicht leicht unterschätzt werden. Neuere Untersuchungen wenden dementsprechend die meiste Aufmerksamkeit auf den Rat[301]. Das städtische Regierungsorgan verfügte über eine lange gewahrte Kontinuität, auch über den Wechsel sozialer Rekrutierungsgruppen hinweg; seine Mitglieder waren häufig juristisch geschult und gebildet, immer aber kenntnisreich und geschäftserfahren.

Der frühe Erfolg der Reformation in Lindau war auf die gelungene Taktik des Lindauer Rats zurückzuführen; er vermochte sich gegen den Konstanzer Generalvikar und Pfarrer von St. Stephan, den späteren Bischof von Wien Dr. Johannes Faber, bis zum Reichskammergericht hinauf durchzusetzen. Der Lindauer Rat

298 Scheib S. 18 f., 21 f., Heyden I S. 292, 297 f., 300 f., Plantiko S. 31 f.

299 Rublack S. 144, 241, 319 f., Wissmann S. 115 Anm. 11, vgl. auch Hans-Georg Hofacker, Die Reformation in Ravensburg. In: Zeitschrift für Württembergische Landesgeschichte 29 (1970) S. 86, Stratenwerth S. 44.

300 Graner S. 22.

301 Vgl. vor allem die neueren Arbeiten von Alfred Schulze, Hans-Christoph Rublack, Diethelm Heuschen, Ingeborg Wissmann, Heide Stratenwerth, Günther Scholz, Josef Seubert und Robert Schelp.

schützte eindeutig die reformatorische Predigt. Als Faber seine Pfarrstelle in Lindau nicht antrat, unterstützte der Rat den neugläubigen Vikar, lieferte ihn nicht dem geistlichen Gericht aus, verweigerte Faber das Geleit in die Stadt, zog den Zehnten nicht mehr für ihn ein und vollzog die Amtsenthebung Fabers von seiner Lindauer Pfarrstelle auf kaltem Wege. Dem bekannten Generalvikar wurde eine Stunde Konkurrenzpredigt neben dem einheimischen Prediger Thomas Gassner angeboten. Außerdem wurde ihm bedeutet, sein verhetzendes Auftreten könne „Auffruren, widerwillen und emperung ... under dem gemeinen man, des ain oberkait nit allweg mächtig ist", hervorrufen, obwohl er noch gar nicht in der Stadt gewesen war[302]. Erst 1530, vier Jahre nach Einführung des neuen Gottesdienstes, fand in Lindau „auf Befehl des Rates" ein Bildersturm statt[303]. In Konstanz verfuhr der Rat in einer behutsam taktierenden Weise, die seine Neigung zur Neuerung zwar verhüllte, aber doch als sehr glaubhaft erscheinen läßt[304].

Die ersten Stufen der Stadt-Reformation waren Duldung der neuen Predigt und Aushöhlung des kirchlichen Aufsichts- und Bestallungsrechts. Es folgten die finanzielle und rechtliche Eingliederung der geistlichen Stellen, die Mandate über evangelische Predigt und Abschaffung der Messe, die Verwaltung und die Inkorporation der exemten geistlichen Güter, der Erlaß von Kirchen- und Zuchtordnungen.

Oft hielten sich neugläubige und altgläubige Religionsübung eine Zeitlang nebeneinander; die Altgläubigen konnten Positionen behaupten, wo der katholische Kirchenherr Rückhalt an nahen Territorialgewalten hatte[305], solange die allgemeine politische Lage für sie günstig blieb und wenn zusätzlich die katholische Partei in der Oberschicht noch viele Anhänger hatte. Auch dies weist wieder auf die Bedeutung des Rates zurück; die notwendigen politischen und juristischen Schritte, die im Innern und in der Diplomatie eher allmählich als plötzlich erfolgten, den Eindruck eines unaufhaltbaren Obsiegens der Reformation aber eher verstärken, wurden fachkundig unternommen.

302 Schulze, Lindau S. 19 ff., 17, ähnliche Begründung für den Schutz der Prädikanten Metzler und Wanner in Konstanz (Rublack S. 96, 20).

303 Schulze, Lindau S. 39 f., 26 f.

304 Rublack S. 35 ff.

305 Hofacker S. 93, 95 (Ravensburg), Stratenwerth S. 43 f. (Osnabrück), Tüchle S. 67 (Leutkirch), Seubert S. 19 (Dinkelsbühl); zum Gegenbeispiel Basel Paul Roth, Durchbruch und Festsetzung der Reformation in Basel (= Basler Beiträge zur Geschichtswissenschaft 8). Basel 1942. S. 50, 23.

In der Regel fanden die persönlichen Optionen der Ratsmitglieder ihren Ausdruck eher in Taten als in hinterlassenen Verlautbarungen. Dies rührte auch daher, daß der Rat sich grundsätzlich bemühen mußte, bei Streit in der Bürgerschaft eine neutrale Haltung zu wahren und für die Erhaltung ordentlicher Zustände einzutreten; gerade deshalb konnte er mit Berufung auf Unruhe in den Kirchen schließlich an eine endgültige Bereinigung der Verhältnisse herangehen, wenn die Kluft zwischen neugläubigen Priestern und deren Anhang auf der einen und der höheren Geistlichkeit auf der anderen Seite zu groß geworden war und, wie im Falle von Basel und Konstanz, zu passivem Widerstand oder zum Auszug der Geistlichen aus der Stadt geführt hatte. Wohlwollende Duldung der neuen Predigt, unschlüssige und umständlich operierende bischöfliche Kirchenherren in Basel und Konstanz, ausbleibender Zusammenschluß der Altgläubigen, die oft zu spät merkten, daß sie in einer gewandelten Umgebung zur Minderheitspartei geworden waren[306], boten dem Rat ganz erhebliche Einflußchancen. Es fällt schwer anzunehmen, der Rat habe immer nur vor reformatorischer Parteinahme der Zünfte oder vor tumultuarischen Volksaufläufen zugunsten bestimmter Prädikanten zurückweichen und kapitulieren müssen; der Rat von Augsburg scheute sich nicht, 1524 gegen das demonstrierende Volk die Geschütze auffahren zu lassen[307].

Ein wichtiger Gesichtspunkt mag für ihn gewesen sein, durch geordnete Übernahme der zwinglischen oder lutherischen Lehre weiterem Aufruhr und Täuferunruhen die Spitze abzubrechen. Aber dennoch wird, z. B. in St. Gallen, „die verdeckte und steuernde Aktivität der oberen Ebene“, die auf Förderung der neuen Lehre abzielte, im Ansatz deutlich[308], der Rat billigte und unterstützte teilweise die Agitation gegen Klöster und Klerus, wie er ja auch außenpolitisch für die Reformation tätig wurde. Erstaunlich ist, daß im Gegensatz zu früheren Revolten Hinrichtungen von Ratsherren nicht üblich waren; geköpft wurden, besonders nach den Ereignissen in Münster, Prädikanten anderen Glaubens und Auf-

306 Über katholische Vereinigungen in Wangen und Leutkirch Tüchle S. 66.

307 Friedrich Roth, Augsburgs Reformationsgeschichte I (1517—1530). 2. Aufl. München 1901. S. 163—165, Wolfgang Zorn, Augsburg. Geschichte einer deutschen Stadt. 2. Aufl. Augsburg 1972. S. 170 f.

308 Wissmann S. 111, 120, 126—129; vgl. Seubert S. 15 ff., 21, Walter Jacob, Politische Führungsschicht und Reformation. Untersuchungen zur Reformation in Zürich 1519—1528. Zürich 1969; zünftische Aktivität besonders deutlich in Basel (P. Roth, Basal S. 11 ff.), St. Gallen, Dinkelsbühl (Seubert S. 31).

rührer, die im Verdacht standen, Wiedertäufer zu sein. Öfters emigrierten allerdings altgläubige Ratsherren und Patrizier, in extremen Fällen wurden sie, wie in St. Gallen und Basel, aus dem Rat gewiesen, der zielbewußt Aufspaltungen durch Altgläubige und Täufer sowie aufkommende Plurikonfessionalität zu verhindern suchte. Wo reformiert wurde, wie in den meisten Reichsstädten — die bekanntesten Ausnahmen sind Aachen und Köln —, da hat die reformatorische Bewegung offenbar sehr rasch innerhalb des Rats an Boden gewonnen: in Konstanz war die Rolle der „vermittelnden" Gruppen, die verzögernd an der Reformation mitwirkten[309], nur von kurzer Dauer. Auch in Süddeutschland war die katholische Partei, so weit sie sich formieren konnte, so nachhaltig geschwächt, daß der Versuch Karls V. scheiterte, sie mit Hilfe der „Hasenräte" (wieder) im Stadtregiment an die erste Stelle zu bringen: Für die Plätze im Lindauer „Hasenrat" waren nach 1551 kaum katholische Patrizier zu finden[310]. Der Versuch, den Katholizismus über eine bestimmte Schicht, das Patriziat, zu restaurieren, gelang nur sehr begrenzt; auch dies läßt den Rückschluß zu, daß die Einführung der Reformation nicht in erster Linie ein schichtenspezifisches Phänomen, sondern mit der Aufgabenstellung der herrschaftlichen Institution Rat verquickt war[311], zumal da, wo der Rat, wie im Fall der süddeutschen Reichsstädte, wegen der Nähe katholischer Mächte vorsichtig sein mußte.

3. Die neue Obrigkeit und ihr Recht

Die Reformation brachte dem Rat Erweiterung seiner Kompetenz. Diese erfolgte meist in mehreren Etappen und ohne direkte Verfassungsänderung, abgesehen von den Umbildungen des Rates nach Aufständen. Dennoch ist in der inneren Struktur der Städte wohl ein nachhaltiger Wandel eingetreten, den Karl V. auch durch die Einrichtung der „Hasenräte", die mit gravierenden Eingriffen in die städtische Wahlordnung verbunden war, im Machtbereich Bayerns und Österreichs nicht zurückzudrehen vermochte.

[309] So in Konstanz, Rublack S. 104 ff., 106.

[310] Benannt nach dem kaiserlichen Rat Heinrich Has von Lauffen, der mit der Aufgabe der Umformung der Stadtobrigkeit beauftragt worden war. Vgl. Schulze, Lindau S. 141 ff., 150—152.

[311] In Lindau hat die „Stärkung des Zunftelements" (seit 1460) die Reformation kaum begünstigt, andererseits sind auch nicht-patrizische Städte wie Überlingen, Buchhorn, Wangen katholisch geblieben — also meist kleinere. Vgl. Alfred Otto Stolze, Der Sünfzen zu Lindau. Das Patriziat einer schwäbischen Reichsstadt. Lindau 1956. S. 33, 73 f., 150, 173—175.

Es mag den evangelischen Ratsmitgliedern gelungen sein, ihre Kontrahenten auch dadurch zu überspielen, daß neue Bereiche der herrschaftlichen Zuständigkeit des Rats unterworfen wurden. Gegnerschaft gegen reformatorische Maßnahmen konnte so ausgelegt werden, als billige man die Minderung der Ratsbefugnis, als trete man für die Bewahrung unhaltbarer Zustände ein, ergreife man Partei für die geistliche Gewalt, deren Hineinregieren in die Stadt unerträglich scheinen mochte, hatte der Rat einmal die neue Predigt geschützt. Aus dem Anspruch, die durch zwiespältige Predigt hervorgerufenen Unruhen zu schlichten, aus seiner Friedenspflicht, leitete der Rat die Befugnis ab, Disputationen über die richtige Predigt anzusetzen. So war es z. B. in Stralsund, Konstanz; in Basel befahl der Rat 1527 den Predigern und Pfarrern, sich zu versammeln und untereinander Einigkeit über die christliche Verkündigung herzustellen. Der Rat warf sich damit zu einer Instanz auf, vor der über den Glauben der Stadt Rechenschaft gelegt werden mußte. Da die geistliche Jurisdiktion die Kompetenzverschiebung nicht anzuerkennen gewillt war, mußte der Rat mit innerer Notwendigkeit zur christlichen Rechtfertigung seiner einmal eingenommenen Positionen schreiten. Der Eingriff des Rats in die Lehre blieb nicht bloß formaler Natur: Denn er konnte sein Recht, Disputationen anzusetzen, gegenüber der geistlichen Gerichtsbarkeit im Grunde nur damit verteidigen, daß er sich das Schriftprinzip zu eigen machte und den Standpunkt der neugläubigen Prediger übernahm, nur einer Widerlegung aus der Bibel zu weichen. Damit aber kam der Rat materiell seiner Christenpflicht zur Wahrung bzw. Einführung der neuen Lehre nach. Der Rat war auch inhaltlich auf diejenige Schriftauslegung angewiesen, die ihm den Rechtsgrund für sein Einschreiten verschaffte. Da die „göttliche warheit", die Ehre Gottes und der „seel säligkeit" durch das geistliche Regiment behindert wurden, zog das Bekenntnis zu diesen evangelischen Schlüsselbegriffen den „widerstand" der Stadtobrigkeit gegen Bischöfe und Äbte nach sich[312]. Nur indem er ihnen ihre bisherigen Rechte entzog, konnte der Rat sein christliches Amt, dem Übel zu wehren, erfüllen. Es hält schwer, diese Kategorie des den Gegner entrechtenden „widerstand(s)" aus einem traditionellen, statisch gedachten Obrigkeitsbegriff abzuleiten. Indem die Stadtobrigkeit die christliche Wahrheit übernahm, gewann sie nämlich gegenüber der geistlichen Obrigkeit — und

[312] Rublack S. 241 (Ambrosius Blarer gegenüber dem Konstanzer Stadtrat), 93 f., Wissmann S. 151 ff. Über die Disputationen s. oben S. 38, Sillem S. 73 ff., Rublack S. 53 ff., Stratenwerth S. 53 f. (Überblick ebd. S. 68 ff.).

gerade auch gegenüber deren weltlicher Herrscherstellung — ein unangreifbares prinzipiell revolutionäres Recht auch da, wo sie den Sturm auf die Klöster nicht unterstützte. Der Solidarität der Obrigkeiten wurde ihr natur- und gewohnheitsrechtliches Substrat im Augenblick der Reformation zunächst einmal entzogen; die gegenseitige Anerkennung der Obrigkeiten hielt sich gerade geistig nicht durch; sie wurde dadurch zerbrochen, daß die reformierende Obrigkeit sich aus einem höheren religiösen Wahrheitsbegriff heraus neu verstand. Die konservative, auf altes Recht und Herkommen gestützte Argumentation der Gegenseite war entmächtigt: durch den Abfall von der christlichen Wahrheit war sie regierungsunfähig geworden[313]. Auch die städtischen Reformatoren übernahmen das revolutionäre Denkmodell grundstürzenden Rekurses auf die Urkirche: die Wiederherstellung des eigentlichen Brauchs legitimierte den Eingriff in Zeremonien, Sakramente und kirchliche Pfarrinvestituren[314].

Ähnlich wie im Territorium wurde auch in der Stadt die Neuordnung des Kirchenwesens und der öffentlichen Moral unter Anspannung und Umdeutung tradierter Rechtsinstitute vorgenommen. Die Sachlogik der Rechtstitel unterstützte den Fortgang der Reformation und ermöglichte ihn instrumental, aber die gleichen Rechtstitel konnten eben im Dienst eines höheren Zwecks verschieden eingesetzt werden. Während in Kursachsen die hohe landesfürstliche Gerichtsbarkeit gegen Pfarrlehen und Niedergerichte ausgespielt wurde, schaffte die Reichsstadt Lindau auf ihren Dörfern, wo die altgläubigen Grafen von Montfort hohe Gerichtsbarkeit und „Pfarrerbestätigungsrecht" besaßen, die Messe unter Berufung auf ihre niedere Gerichtsbarkeit ab; für Lindau intervenierten Sachsen und Hessen. Der Rat verwehrte den Stiftspriestern der Reichsäbtissin von Lindau, in der Stadt Messe zu halten; er begründete dies mit dem Bürgerrecht der Äbtissin, das sie der Stadt unterstelle, und mit der untragbaren Kollission zweier (geistlicher) Obrigkeiten[315]. Die lange erstrebte Ausdehnung der Bürgerpflich-

[313] Wissmann S. 154, 156; Kramer-Schlette S. 67, Günter Scholz, Die Aufzeichnungen des Hildesheimer Dechanten Johann Oldecop (1493—1574). Reformation und katholische Kirche im Spiegel der Chroniken des 16. Jahrhunderts. Münster 1972. S. 29, 34 ff., 63 ff., 73 ff.; Oldecop dachte pragmatisch, betrachtete die Glaubensspaltung mit Pessimismus, verurteilte Übergriffe und Rechtsbruch, verband Reformvorstellungen mit der Wahrung der institutionellen Ordnung.

[314] Rublack S. 91; Hall S. 119: Die Stadtbürger von Wendelstein fordern das Recht zur Pfarrerwahl, das in dieser Endzeit vom Antichrist geraubt worden ist.

[315] Schulze, Lindau S. 87 f., 139, 104. Der Rat berief sich außerdem auf

ten auf den Klerus wurde substantiell umgebogen; in Konstanz führte der Rat für die Stadtpriester nicht etwa die Freistellung vom Zölibat, sondern die Pflicht zur Eheschließung ein.

Abschaffung der Messe, Erstellung neuer Gottesdienstordnungen, städtische Besoldung der Pfarrer, Strafbarkeit auswärtigen Messebesuchs, Neuregelung des Schul- und Armenwesens mit Einschränkung besonders des stadtfremden Bettels, Zuchtordnungen, die übertriebenen Wirtshausbesuch und Weinkauf, Glücksspiele und ausschweifende Lustbarkeiten unter Strafe stellten, gingen nicht bruchlos aus dem spätmittelalterlichen Autarkiestreben der Städte hervor[316]. Die Kirchen- und Sittenordnungen wurden teilweise auf protestantischen Städtetagen beschlossen[317]. Die neue Konfession schloß den Stadtbereich als religiös-sittliche und geistlich-weltliche Einheit stärker ab, als dies die mittelalterliche Stadtgemeinde mit ihren verschiedenen Pfarr- und Stadtheiligen und mit ihrer Vielzahl von Bruderschaften gekannt hatte; zugleich war sie Grundlage festerer Verbindungen zu den Glaubensgenossen anderer Städte.

Der mittelalterliche Lebensstil in den Städten, und zwar auch in den lutherischen, wurde dementsprechend eher unterbunden als fortgeführt; die Traditionen unziemlicher Sonntagsvergnügen, Festgelage, lasziver Theateraufführungen und prächtiger Hochzeiten waren für die Prediger Steine des Anstoßes[318]. In Augsburg wurde die strenge Durchführung der Reformation 1536 mit einer erheblichen Konfessionalisierung der Ratswahlen eingeleitet[319]; die Emigration aus den Städten, die vorher meist hochgestellte Familien aus politischen Gründen hatten auf sich nehmen müssen, erfaßte große Personenkreise.

seine „rechte hohe macht auff sollichs closters thurm“: die Reichsabtei Lindau wurde von Österreich unterstützt.

316 Anders Bernd Moeller, Reichsstadt und Reformation S. 11 ff., und ders., Die Kirche in den evangelischen freien Städten Oberdeutschlands im Zeitalter der Reformation. In: ZGOrh 112, NF 73 (1964) S. 150.

317 So der oberdeutsche Städtetag von Memmingen, der gemeinsam über die „geistliche und weltliche Bestrafung öffentlicher Laster“ und die Einsetzung geistlicher und weltlicher „Zuchtherren“ beriet (1531 II 27). Vgl. Schulze, Lindau S. 66 f.

318 Anschauliche Stellen bei Gerhard Frotscher, Tileman Heshusen. Ein Leben im Dienste der Lehre Luthers 1527—1588. Versuch einer kirchenpolitisch-familiengeschichtlichen Würdigung. Plauen i. V. 1938. S. 29, 46 f., Moeller, Kirche in den evangelischen freien Städten S. 156—158.

319 F. Roth II (1904) S. 309 ff.

Die Säkularisierung durchlief häufig noch die Station spätmittelalterlicher Mitverwaltung durch städtische Organe. Die überkommenen Pflegschaften wurden aber zweckentfremdet, indem sie nun auf den Wegfall der Selbständigkeit der geistlichen Institute und ihres genossenschaftlichen Pluralismus in der Stadt abzielten. Die Pfleger wurden von Beiständen des Kloster- oder Stiftsvorstehers zu ratsverantwortlichen Stadtbeamten; gelang es einzelnen Klöstern, z. B. in Straßburg, sich über ihre auswärtigen Verbindungen zu halten, so setzten hartnäckige Streitigkeiten um die Kompetenz der Pfleger ein, die Neuaufnahmen von Novizen zu verhindern und die Wahl ratsfreundlicher Klostervorstände zu betreiben suchten[320]. Schirmverträge der Städte mit Klöstern, die aus dem mittelalterlichen Vogteirecht erwachsen waren, wurden gerade zu Beginn der Reformation mit der spezifischen Absicht erneuert, die Klosterinsassen zu besteuerten Stadtbürgern zu machen. Die Einzelabfindung geistlicher Exulanten, häufig durch rechtlich „anfechtbar(e)“ Verträge erwirkt[321], änderte nichts daran, daß die Kirchengüter über verhüllten oder offenen Oktroy in die Hand des Stadtregiments gelangten; die Säkularisationen boten Reichstag und Reichskammergericht Prozeßstoff für ein Jahrhundert.

Diese unendlichen juristischen Querelen entstanden daraus, daß die Reformation auf dem Gebiet des materiellen kirchlichen Besitzstandes vollendete Tatsachen geschaffen hatte; sie waren auf positiv-rechtlicher Grundlage letztlich nicht zu lösen, weil hier das konkrete, sach- und besitzbezogene Rechtsdenken des Mittelalters mit einer neuen protestantischen Eigentumsdeutung zusammenstieß: Der kirchliche Besitz wurde nicht mehr als Annex und Fundus der sichtbaren Kirchen gesehen; er war nach Luther allein auf christlichen Gebrauch zweckbezogen und nur durch seine „fromme Bestimmung“[322] und seine „geistliche Pertinenzqualität“ gerechtfertigt: Das Urteil darüber, ob die Kirche ihrer Bestimmung untreu geworden war, mußte auch über die Besitzfrage entscheiden.

Bevor Prozesse anhängig wurde, waren die Machtverhältnisse ausschlaggebend; bei aller reformatorischen Entschiedenheit mußte Rücksicht auf die Rechtslage genommen werden, weil die Reichsstädte doch eher vom Kaiser belangbar waren als die Territorien.

[320] Vgl. Robert SCHELP, Die Reformationsprozesse der Stadt Straßburg am Reichskammergericht zur Zeit des Schmalkaldischen Bundes (1524)/1531—1541/(1555). Kaiserslautern 1965. S. 37 ff., 247, Joseph Fridolin VIERLING, Das Ringen um die letzten dem Katholizismus treuen Klöster Straßburgs (= Straßburger Beiträge zur neueren Geschichte 8). Straßburg 1914. S. 20 ff. mit statistischen Einzelangaben.

[321] SCHULZE, Lindau S. 28, F. ROTH II (1904) S. 323.

[322] LEHNERT S. 27 f., 99 ff.

Die betroffene Geistlichkeit verlagerte Urkunden, suchte nach Vertreibung oder Auszug ihre Gefälle mitzunehmen und die Versorgung von Pfarrpfründen zu unterbinden, die an Protestanten gefallen waren. Der Rat wiederum prozedierte mit vorläufiger Verwaltung der gewonnenen Güter, mit Beschlagnahmung oder mit sofortiger Verfügung über das Kirchengut[323]. Die Güter wurden keineswegs immer für kirchliche, karitative oder pädagogische Zwecke verwendet; aus Kirchenschätzen wurde auch dem Schmalkaldischen Bund Finanzhilfe gegeben, Glocken wurden in Geschütze umgegossen.

Besondere Probleme warfen in den Reichsstädten die frommen Stiftungen auf, die hier, bedingt durch höheres Kapitalaufkommen, häufiger waren als auf dem Land. Es ist Stiftungsgut an die Stifter, so weit es noch zu erkennen war oder reklamiert wurde, zurückgegeben worden, auch baten einzelne Stifter, ihre Stiftungen zur Ehre Gottes anders zu verwenden[324]. Aber hier wären doch die Möglichkeiten taktischen Verhaltens im Einzelfall zu erwägen; einerseits diente der Schutz des Stiftungsguts zur Begründung für Beschlagnahme des Kirchenguts, andererseits wurde beschlossen, Stiftungen nicht an auswärtige Stifter zu geben und den Kreis der Berechtigten auf eine Generation in auf- und absteigender Linie zu beschränken[325]; die Rückgabe von Stiftungsgut konnte außerdem den Rechtsgrund für den Übergang des restlichen Kirchenguts an die Stadt verstärken.

Die Abschließung des Lebenskosmos Stadt in kirchlich-konfessioneller und moralischer Hinsicht wurde mancherorts durch Erneuerung der Schwurgemeinschaft bekräftigt. Dies wird man weniger als verfassungsrechtlichen Durchbruch des genossenschaftlichen Prinzips gegen die erstarkte herrschaftliche Stellung des Rats zu werten haben[326], sondern zunächst als praktische Maßnahme gegen Bedrohung von außen und Spaltungen im Innern. Da der Rat mit dem Bekenntnis zur Augustana, und mehr noch mit dem zur Tetrapolitana von 1530, die zwischen Konstanz, Lindau, Memmingen und Straßburg abgeschlossen wurde, sich gegen den kaiserlichen Stadtherrn stellte, brauchte er Rückversicherung durch den gesamten Rat und die gesamte Bürgerschaft. Hier genügte die

[323] Heuschen S. 107 ff., Rublack S. 79—81, Hofacker S. 107 f.

[324] Rublack S. 303 Anm. 245. Allerdings gab es auch den umgekehrten Fall, daß Stifter (aus dem altgläubigen Patriziat in Ravensburg) Jahrtage nur mit der Maßgabe stifteten, daß die Stiftung an den Urheber oder dessen Erben bei Einführung der Reformation zurückfallen solle (Hofacker S. 84).

[325] Rublack S. 81, 302 f., Heuschen S. 109.

[326] So besonders Hofacker S. 96—97.

Ratsmehrheit nicht mehr; die altgläubigen Dissidenten und die Stadtgemeinde mußten auf die Mehrheitsentscheidung des Rates schwören[327]. In einer so wichtigen Sache war reale Einmütigkeit erfordert.

Zweifellos kam besonders dort, wo — wie in Ravensburg — Teile der Bürgerschaft den offenen Übergang zur Reformation erwirkten, erneut das genossenschaftlich-demokratische Element zum Tragen; das historisch Bemerkenswerte aber war doch, daß es die Verbindung mit dem konfessionellen Prinzip einging und nicht mehr auf Maßregelung eines mißliebigen Rates, sondern auf die Herstellung einer kirchlich-politischen Identität der Stadtgemeinde hinzielte. Die Zugehörigkeit zu einer Konfession wurde zur Voraussetzung der Aktivbürgerschaft und der Mitgliedschaft im Rat[328]. Sicherlich hatte schon Marsilius von Padua die Regelung des kirchlichen Lebens in die Hände des weltlichen Gesetzgebers legen wollen, aber seiner Zeit war immer selbstverständlich gewesen, daß alle Bürger und auch der von ihnen bestellte Gesetzgeber einer Christenheit angehörten. Das konfessionell abschließende Bekenntnisprinzip, das die politische Gemeinde als kirchliche Gemeinde konstituierte, indem es nach außen auf Abgrenzung und im Innern auf Intoleranz hinauslief, hatten Marsilius und die mittelalterliche Stadt nicht gekannt; die Staatstheorie des „Defensor Pacis" kam erst anachronistisch versetzt zu historischer Wirkung[329]. Ihre Verwirklichung in einer neuen Zeitstunde der Geschichte war kein Rückfall ins Mittelalter. War im Mittelalter der Erwerb der Bürgerschaft von — mehr oder weniger hohen — materiellen (Bürgergeld, evtl. Grundbesitz) und ständischen (Freiheit) Voraussetzun-

[327] Laut Ratsprotokoll von 1530 XI 18 beeideten die Heilbronner Räte, nach Zögern auch die altgläubigen mit dem ehemaligen Bürgermeister Erer, „in Sachen des Evangeliums beim Rat und dessen Mehrheit zu stehen und zu bleiben und dafür Leib und Gut darzustrecken" (Granner S. 20 f., 39). Hier ist vor allem die außenpolitische Lage der kleinen Reichsstadt, die dem Speyerer Protest beigetreten war, zu bedenken.

[328] Und zwar auch in Landstädten wie Elberfeld und Solingen (Bredt S. 54 f.). Zur Geschichte der frühneuzeitlichen Säkularisierung und Zentralisation auf sozialgeschichtlichem Gebiet gehört auch das reformatorische Schicksal der Bruderschaften, Spitäler und sonstiger juristisch eigenständiger Korporationen in der Stadt. Vgl. das Standardwerk von Siegfried Reicke, Das deutsche Spital und sein Recht im Mittelalter (= Kirchenrechtliche Abhandlungen 111/112). Stuttg. 1932. S. 386 f.; materialreich Martha Goldberg, Das Armen- und Krankenwesen des mittelalterlichen Straßburg. Phil. Diss. Straßburg 1909. S. 72 ff., Brecher S. 243 ff.

[329] Vgl. Lagarde III (1970) S. 268 f., 372 ff., 381.

gen abhängig gewesen, so mußte nach der Reformation zusätzlich der Nachweis der richtigen religiösen Gesinnung erbracht werden.

4. „Feudalismus" und Kapitalismus

Der frühe *Marx* hat die Reformation als Zeichen dafür gewertet, daß in der Vergangenheit das Verhältnis der Deutschen zur Revolution „theoretisch" gewesen sei[330]. Daraus wäre ein zentraler Einwand gegen *Engels'* These von der ökonomischen Bedingtheit der Reformation abzuleiten, wenn die theoretische Wertigkeit der Reformation, ihre geistige Struktur, als solche anerkannt würde; der zeitgenössische Marxismus legt die Äußerung von *Marx* aber dahingehend aus, daß die „frühbürgerlichen" Massen der Bauern und Stadtplebejer ihre objektive Klassenlage verkannt, damit eine praxisferne Theorie gehabt hätten. Daraus folgt, daß die marxistische Forschung grundsätzlich gezwungen ist, spezifische politische Vorstellungen der aufständischen Bauernschaft im Sinne ihres weltgeschichtlichen Prozeßmusters zu interpretieren; die konkrete Wirklichkeit der bäuerlichen Zielvorstellungen, die teilweise ein „negatives Reichsbewußtsein" mit mehr Selbständigkeit unter einem näher gerückten kaiserlichen Reichsoberhaupt[331] zum Inhalt hatten, steht in Gefahr, eine je konstruktivistische Abwertung zu erfahren, sobald sie zur Kenntnis genommen wird. Dagegen rückt die Verbindung der Bauern mit den Armen und Taglöhnerschichten der Städte ins Zentrum des historischen Interesses, weil sich hier die beispielhafte, teilweise noch unbewußte ‚eigentliche' Emanzipation vom feudalistischen System vollzogen haben soll. Die Tatsache, daß die gegenseitige Unterstützung von plebejisch-städtischen und bäuerlichen Schichten, die für Thüringen fest-

[330] Karl MARX, Zur Kritik der Hegelschen Rechtsphilosophie (1843/44). In: MEW 1. Berlin 1972. S. 385: „Selbst historisch hat die theoretische Emanzipation eine spezifisch praktische Bedeutung für Deutschland. Deutschlands revolutionäre Vergangenheit ist nämlich theoretisch, es ist die Reformation. Wie damals der Mönch, so ist es jetzt der Philosoph, in dessen Hirn die Revolution beginnt." MARX ist hier zwar polemisch, aber sehr scharfsichtig; er bemerkt die reformatorische Spiritualisierung und fordert nicht nur „Emanzipation" vom Mittelalter, sondern (natürlich materialistische) Emanzipation „von den teilweisen Überwindungen des Mittelalters" (EBD. S. 386 f., 391). Die Interpretation der Stelle bei Dietrich LÖSCHE, Probleme der frühbürgerlichen Revolution in Deutschland. In: Reformation oder frühbürgerliche Revolution? Hg. v. R. Wohlfeil. München 1972. S. 168 kann nicht befriedigen.

[331] Horst BUSZELLO, Der deutsche Bauernkrieg von 1525 als politische Bewegung. Berlin 1969. S. 67 ff. (südl. Oberrhein und Alpenländer). Vgl. die Rezension von S. HOYER in Zeitschr. für Geschichtswissenschaft 20 (1972) H. 3 S. 369—371.

zustellen ist[332], von seiten der Städter aufgekündigt wurde, wenn diese in ihrem begrenzten Lebenskreis erste Zugeständnisse erzielt hatten, kann im Grunde gar nicht als Hinweis auf die historische Realität der spezifischen politisch-sozialen Zeitumstände anerkannt werden. Unzweifelhaft sind die Bauernhaufen nicht nur von Luther, sondern auch von seiten kleinstädtischer Prädikanten[333] zurückgewiesen worden, die dadurch allenfalls ihren Bürgermeistern, nicht aber der „Fürstenklasse“, ideologisch-theologische Schützenhilfe geleistet haben können. Aber dies wie der Mangel an faktischer Solidarität und gemeinsamer Organisation zwischen Bauern und städtischen Unterschichten kann nur als Teil der großen subjektiven Hemmungen des revolutionären Ausbruchs begriffen werden, der neuen Konfliktstoff für das spätere Wiederaufflackern der Revolution schaffte. Es sind deshalb Zweifel daran angebracht, ob durch den Hinweis auf begriffliche Unschärfen, auf eine den Engels'schen Prämissen nicht entsprechende Faktenlage, der revolutionär strukturierte, weil konstruktiv Weltsinn stiftende, marxistische Schematismus von „frühbürgerlicher“ Revolution sich überhaupt betroffen fühlt.

Die marxistische Deutung wird aufrechterhalten, obwohl das revolutionäre Auftreten einer „bürgerlichen Klasse“ vermißt werden muß. Der Aufstand der städtischen Unterschichten vor allem

[332] Karl Czok, Revolutionäre Volksbewegungen in mitteldeutschen Städten zur Zeit von Reformation und Bauernkrieg. In: 450 Jahre Reformation S. 130 ff. Sozialrevolutionäre Bewegungen im Übergang von Stadt und Land traten um 1524 u. a. in Basel, Frankfurt a. M., Straßburg, Wien, Köln, Nürnberg, Bamberg, Stralsund, Osnabrück, Heilbronn, Dinkelsbühl, in Oberschwaben auf (Stratenwerth S. 31, Zeeden, Konfessionen S. 14). In Isny und Leutkirch suchten die Bürger vor den Bauern den Schutz des Rats (Tüchle S. 60), in Bamberg (Günther Franz, Quellen S. 402) und in Dinkelsbühl (Seubert S. 17 f.) dagegen liefen Teile der gemeinen Bürgerschaft gegen den Willen des Rats den Bauern zu; der Rappertsweiler Bauernhaufe wurde zeitweise von zwei Angehörigen Lindauer Patrizierfamilien geführt (Schulze, Lindau S. 36 f.). Das wesentliche revolutionäre Phänomen scheint hier in der revolutionären Umdeutung des „alten Rechts“ zu liegen (vgl. Thomas Nipperdey/Peter Melcher, Bauernkrieg. In: Sowjetsystem und demokratische Gesellschaft. I. Freiburg Basel Wien 1966. Sp. 615 f., 619 f., 621: Auseinandersetzung mit Günther Franz).

[333] Über Lachmann von Heilbronn Graner S. 16. Vgl. John C. Stalnaker, Residenzstadt and Reformation: Religion, Politics and Social Policy in Hesse 1509—1546. In: Archiv für Reformationsgeschichte 64 (1973) S. 113 ff., 132 f., 136 f. und Rudolf Endres, Der Bauernkrieg in Franken. In: Bll. für deutsche Landesgeschichte NF 109 (1973) S. 49 ff. zum Konflikt Bauern/Bürgerschaft—Geistlichkeit.

in den norddeutschen Großstädten richtete sich gegen die „großen Hansen“, die reichen Patrizier und Kaufherren, also gegen die angeblich zur Herrschaft erst antretende bürgerliche Klasse selbst, die zudem komplex zusammengesetzt war, nämlich aus vorwiegend kapitalistischen Honoratiorentum und stadtadligem, also zumindest halbfeudalen Patriziat. Die „frühbürgerliche“ Klasse hat keineswegs erst in der Reformation versucht, die Macht zu ergreifen; sie sitzt bereits seit langem in ihren ummauerten Städten, die den Fürsten trotzen. Die evolutionäre Entstehung einer städtischen Oberschicht, in der adlig-ministerialische, handeltreibende und gewerblich tätige Personengruppen verschmolzen, und deren Erringung der Stadtfreiheit waren für die Machtstellung der „frühbürgerlichen“ Klasse unvergleichlich konstitutiver als die Reformation. Frühkapitalismus, kirchlicher und weltlicher „Feudalismus“ bildeten um 1500 in praktischer Beziehung vielfach keine Gegensätze: die Fugger waren die Geldgeber der Habsburger, hohe geistliche Herren hatten, im Gegensatz zur noch herrschenden kirchlichen Moral vom „iustum pretium“, ihre Einlagen in frühkapitalistischen Geldgeschäften. Huttens Agitation gegen die Pfeffersäcke zeigt, daß der niedere Adel eher einer revolutionären Disposition gegenüber dem bereits herrschenden frühkapitalistischen Bürgertum, das überregionale Geschäftsverbindungen und glänzende Beziehungen zu den Thronen unterhielt, zuneigen konnte. Die Städte übersprangen in den konfessionellen Bünden und mit dem städtisch-fürstlichen Protest von 1529 gerade die Schranken zur „Fürstenklasse“; daß sie hier in Vorwegnahme des Bonapartismus handelten, läßt sich nicht ernsthaft behaupten. Es hätte damals noch grundsätzlich einen Loyalitätsbruch bedeutet, wenn die Reichsstädte die Fürsten gegen ihre eigenen Bürger angerufen hätten; gegen die Bauern konnten sie sich in der Regel selbst verteidigen. Der angeblich nationale Kampf der Städte gegen den kurialen Feudalismus hat der „frühbürgerlichen“ Klasse keine finanziellen Vorteile gebracht; die Reichsstädte haben sich an den Schmalkaldischen Bund fast arm gezahlt, obwohl sie dafür die Kirchenschätze angriffen[334]. An den Täuferunruhen, die für religiöse und ökonomische Revolution bei den unteren Volksschichten reklamiert werden, waren in Münster gerade Bürger der Oberschicht beteiligt[335]. Diese Täufer bestritten, ohne eigentlich ökono-

[334] Gleichzeitig mußten Türkenanschläge geleistet werden (Heuschen S. 111, 117 f.).

[335] Franz Petri, Das Reich der Wiedertäufer in Münster. Ein frühbürgerlicher Vorläufer der proletarischen Revolution des 20. Jahrhunderts? In: Die Stadt in der europäischen Geschichte. S. 631 ff. „Theoretische

mische Motivation, alle bestehende Autorität; sie machten nicht Klassenkampf, sondern eine anarchistisch-eschatologische Revolution. Auch die Gegenbilder, die kaiserlichen Reichstags- und Hochzeitsvergnügen in den süddeutschen Reichsstädten, lassen von einem welthistorischen Gegensatz zwischen dem Beherrscher des Abendlands und der bürgerlichen Klasse nichts ahnen. Bereits bei *Engels* ist die „bürgerliche Klasse“ in einem eigentümlich statischen Grundmodell verortet, das dem Aufweis ihrer historischen Wandlungen nicht eben günstig ist: Sowohl 1524 wie 1848 hat die Furcht vor dem Volk Fürsten und Bürger zum Stabilitätspakt gezwungen. Die Klassen als treibende Kräfte des Geschichtsprozesses unterscheiden sich damit zeitlich nur durch den Grad ihrer Konsolidierung. Standen 1524 die „kleinen Spießbürger“ „hinter den kleinen Fürsten“, so waren es 1848 die „großen Bourgeois“, die hinter den „großen Fürsten“ Schutz vor der bereits drohenden proletarischen Revolution suchten und sich zur eigenen Klassenherrschaft nicht stark genug fühlten[336]. Das Modell des Klassenkonflikts ist aber zur Erklärung der frühneuzeitlichen Revolutionen bis 1789 insuffizient, wenn auf Differenzierungen innerhalb der Klassen und auf die Reflexion rechtlicher, politischer und binnensozialer Entstehungsbedingungen sozialer Schichten verzichtet wird[337]. Es gab im 16. Jahrhundert noch keine bürgerliche Klasse, sondern einen Stand der Bürger, der alle mit Bürgerrecht versehenen Einwohner einer Stadt von den Ober- bis zu den Unterschichten umfaßte.

Die marxistische Forschung sieht in der Papstkirche das Objekt antifeudalistischer Revolution, die Frage nach der Verwendbarkeit des Feudalismus-Begriffs hat sie aber bisher nicht beantwortet. Nimmt man die „bürgerlichen“ Definitionen des Feudalismus-Begriffs, so sagen sie zweifellos etwas über das zeitliche Erscheinungsbild der spätmittelalterlichen Kirche aus, erfassen aber nicht ihr Wesen. Denn das Lehnsrecht ist für die Kirche kein konstituierendes Verfassungsmerkmal, obwohl die Päpste im Mittelalter als

Züge“ in der Täuferbewegung zugegeben von Bernhard Töpfer, Zur Frage nach dem Beginn der Neuzeit. In: Reformation oder frühbürgerliche Revolution S. 77: alle Revolution wird, unter Abstrahierung vom revolutionären Phänomen, einer approximativ aufsteigenden Linie zur ‚wahren‘ proletarischen Revolution wie auf einer Perlenkette eingereiht.

336 Engels S. 413. Engels bietet allerdings, trotz seiner groben Typisierung, noch eine anschauliche Schilderung der ständischen Welt um 1500.

337 Lucas Colin, Nobles, Bourgeois and the origins of the French Revolution. In: Past and Present 60 (1973) S. 85 f., 125 f. ebenso J. W. Smit S. 23 f.

oberste Lehnsherren aufgetreten sind und obwohl die Reichskirche auch lehnsrechtliche Organisationsformen des Spätmittelalters übernommen hatte. Klöster und Pfarreien, Bischöfe und Äbte konnten Lehnsträger und Belehnte sein. Wird unter Feudalismus die Vorstufe von Souveränität verstanden, so scheint der Übergang vom Konziliarismus zum Papalismus der Kirche nicht-feudale, moderne Züge zu verleihen. Sieht man auf ihre weltlichen Herrschaftsrechte, so läßt sich trotzdem mit gewissem Recht behaupten, die mittelalterliche Reichskirche sei eine Feudalkirche gewesen[338].

Der marxistische Begriff aber meint demgegenüber etwas ganz anderes, er bezeichnet im wesentlichen eine bestimmte Form der Ökonomie, die vorkapitalistische Nutzung des Grundbesitzes: diese determiniert eine bestimmte Zeit, das Mittelalter, und hält die — in dieser Epoche dominante — Ausbeuterklasse, den Adel, an der Macht. Hier beginnen bereits die Unklarheiten; einerseits soll die Kirche die Ausbeuterrolle des Adels in erster Linie verkörpert

[338] Eine spezielle Variante liefert Walter Ullmann, der den Feudalismus als das Prinzip populistischer, individualistischer, demokratisch-konstitutioneller Herrschaftskontrolle definiert und ihn der „theokratischen" Kirche gerade abspricht (Kritik bei Oakley S. 8 f., 15—19). Vgl. allgemein Brunner, Neue Wege („Feudalismus". Ein Beitrag zur Begriffsgeschichte). S. 128—159, Töpfer S. 76 ff. und Heide Wunder (Hrsg.), Feudalismus. Texte von H. Mitteis, O. Brunner, M. Bloch, J. W. Hall, E. Müller-Mertens, B. Töpfer, G. Lewin, R. Eifler. München 1974, Einleitung S. 16 ff., 42 ff. Wunder zeigt, daß in der DDR die Übertragbarkeit des marxistisch-leninistischen Feudalismus-Begriffs auf außereuropäische Kulturen bezweifelt, die Komplexität der feudalistischen Produktionsweise gegenüber der kapitalistischen mit ihrem (angeblich) „einfachen Gegensatz" zweier Klassen (zit. nach Wunder, Einleitung S. 37) herausgestellt wird. Zeugt dies aber schon von der „Aufbrechung einer dogmatischen Grundhaltung" (Wunder S. 39)? Welcher „Klärungsprozeß" (S. 37) ist eingeleitet, wenn dem Versuch des DDR-Historikers Müller-Mertens, den Feudalismus im Blick auf die Grundherrschaft zu konkretisieren, in der DDR widersprochen und dem Feudalismus wieder seine feste Rolle im gesetzmäßig fortschreitenden Prozeß der Weltgeschichte zugewiesen wird? Es berührt seltsam, daß in der Bundesrepublik Winfried Schulze, „Reformation oder frühbürgerliche Revolution". Überlegungen zum Modellfall einer Forschungskontroverse. In: Jahrbuch f. d. Geschichte Mittel- und Ostdeutschlands 22 (1973) S. 253—269 dem sowjetischen Historiker A. N. Čistozvonov, der den Übergang vom Feudalismus zum Kapitalismus nunmehr „stadial-regional", nach den „zeitlich-regionalen Besonderheiten des konkreten Untersuchungsgegenstandes", differenzieren will, vorwirft, die „Kategorie höherer Allgemeinheit" zu verlassen „und damit den Prozeß wissenschaftlicher Definition und Begriffsbildung rückwärts zu lenken" (S. 257 f.).

haben, andererseits ist die Grenzlinie zur übrigen Ausbeuterschicht, die ebenfalls durch ihre feudal-ökonomische Herrschaftsstellung gekennzeichnet wird, nicht mehr auszumachen. Weiterhin wirft die ökonomische Weltanschauung des Marxismus der Kirche ihren Fiskalismus vor, der die gegnerischen Mächte auf den Plan gerufen habe; der Untergang des Feudalismus-Komplexes Kirche wird nicht aus dem Feudalismus selbst hergeleitet, sondern aus der Kollision wirtschaftlicher Interessen in Deutschland. Damit aber scheint das neue weltgeschichtliche Prinzip, der Kapitalismus, gerade durch die kapitalistische Inkubation des Feudalismus-Komplexes Kirche heraufgeführt zu sein; eigentlich hätte doch gerade der Fiskalismus der Kurie, die den Petersdom immerhin mit Augsburger Krediten vorfinanzierte, ihr nach den Grundprämissen der marxistischen Geschichtsdeutung den Platz an der Seite der „fortschrittlichen Kräfte“ sichern müssen. Der Marxismus verbindet hier die berechtigte Kritik der Reformatoren mit der eigenen Geschichtsdeutung zu einer unharmonischen Synthese.

Max *Weber* hat gezeigt, daß die Bedeutung der Reformation für den Kapitalismus vor allem durch eine geistesgeschichtliche Analyse der protestantischen Wirtschaftsgesinnung zu ermitteln ist; er hat aber in seiner „Protestantischen Ethik“ das Schema von Überbau und Unterbau gerade umgekehrt und nicht direkt behauptet, daß der Kapitalismus ein „Erzeugnis der Reformation“ war[339]. Trotz der thomistischen Wirtschaftsethik, die Gewinnstreben weitgehend ausschloß und über die Luthers Antikapitalismus noch hinausging, hatten sich unter der „feudalistischen“ Herrschaft der Kirche große Handelszentren bilden können. Bruno *Kuske* hat nachgewiesen, daß die kirchlichen Verbote von Zins und Wucher ein blühendes Kredit- und Spekulationswesen nicht verhindert hatten; durch die Ausbildung neuer Rechtsformen wie den Rentenkauf waren diese Verbote umgangen worden[340].

[339] Max Weber, Die protestantische Ethik und der Geist des Kapitalismus. In: ders. Die protestantische Ethik I. Hg. v. Johann Winckelmann, München Hamburg 2. Aufl. 1969. S. 77, 115 ff., 279 ff.

[340] Bruno Kuske, Die Entstehung der Kreditwirtschaft und des Kapitalverkehrs. In: ders., Köln, der Rhein und das Reich. Köln Graz 1956. S. 89 ff., 100 f., 136, 49, 53—57, vgl. Werner Sombart, Der moderne Kapitalismus. Bd. 1. Leipz. 1902. S. 409 ff.

C. SCHLUSSBEMERKUNG

Interpretationen der Reformation als Revolution haben ihre Literaturgeschichte von der Aufklärung bis zur politischen Theologie. Die Analyse einiger dieser Revolutionsdeutungen führte uns zu der Frage nach ihrer inneren Verwandtschaft und damit zu einem auf die Reformation wissenschaftlich anwendbaren Revolutionsbegriff. Es konnte eine formale Struktur revolutionären Denkens aufgefunden werden, die den Thesen über den revolutionären Charakter der Reformation gemeinsam war. Im Spiegel ihrer späteren Wertungen wurde die Reformation selbst zur historischen Legitimationsinstanz für aufklärerische, liberale, nationale, idealistische, marxistische, theologische und kulturkritische Weltentwürfe und Sinnstiftungen umfassender Art. In der Auffassung von Reformation als Revolution war vor dem Hintergrund des weltanschaulich-politischen Selbstverständnisses der Interpretation die Tendenz zur Weltveränderung enthalten: Diese Tendenz deutete über pragmatische Reform hinaus. Die Gegenwart sollte nicht aus sich heraus — evolutionär — weiterentwickelt werden, sondern die Reformation als paradigmatisches historisches Ereignis gab den Sinnhorizont für die Notwendigkeit neuer Weltgestaltung oder beharrender Welterhaltung ab. Im Rückgriff auf eine beispielhafte Situation der Vergangenheit ließ sich die Sinnfrage beantworten und die kritikwürdige krisenhafte Lage der Gegenwart überwinden. Die bewußte Anknüpfung an einer ‚eigentlichen' historischen Entscheidung verlieh gegenwartsbezogenem Handeln ein eigenes, bestehende Bedingungen bis zu ihrer Aufhebung in Frage stellendes Recht. Die Inhalte dieses revolutionären Denkmodells waren auswechselbar, nicht zuletzt deshalb, weil die programmatische, konservativ bis emanzipatorisch-kritische Festlegung auf ändernde oder stabilisierende Weltentwürfe historisch nur konjektural beglaubigt, aber nicht an der Komplexität eines historischen Bedingungsgefüges gemessen und relativiert werden durfte.

1. Kirche: Auf einer rein formalen Abstraktionsebene findet sich die Struktur des revolutionären Denkens, das den revolutionären Deutungen von Reformation zugrunde liegt, in Luthers religiösem Denken selbst wieder. Es handelt sich aber in Luthers Theologie um eine genuin theologische Neubesinnung, die Anschluß an die eigentliche frühchristliche Lehre gewinnen und so das christliche

Bekenntnis erneuern will. Der Inhalt der revolutionären Rückwendung ist für Luther selbst nicht austauschbar, sondern die reine und allein seligmachende christliche Glaubenswahrheit. Sie kann weder sozialrevolutionär noch eschatologisch oder gar in permanente Revolution aufgelöst werden. Das revolutionäre Ziel ist erreicht, wenn die Menschen die eigentliche christliche Wahrheit akzeptieren. Als Gegenposition figuriert die bisherige, für Luther völlig verrottete Kirche. Ist sie überwunden und leben die Menschen christlich allein aus dem Glauben, so bleibt nichts weiter zu tun. Bis dahin aber ist, nach entscheidenden Anfangserfolgen, der Weg weit.

Das Gefangensein im eigenen Gewissen, das Festhalten an der einmal erkannten Wahrheit läßt den Reformator die Glaubensautorität der Kirche bestreiten. Luthers Einzelentscheidung weckt eine Bekenntnisbewegung, die sich an der Veräußerlichung der alten Kirche stößt. Der Protestantismus entsteht in Deutschland als konfessionelle Revolution. Diese führt nicht zur Entgrenzung, sondern zu neuer kirchlicher Verfestigung. Da die konfessionelle Revolution die Menschen an eine material festgelegte Gewissensentscheidung bindet, wirkt sie individuell und kollektiv zugleich. Das Moment des Anschlusses an die evangelische Wahrheit, die neue Objektivität, muß stärker betont werden. Durch die gleichen Glaubenstaten der Einzelnen entsteht erst die wahre religiöse Gemeinschaft, während in der alten Kirche das Gewissen Sicherheit finden konnte, wenn es sich in die objektive und umgreifende Heilswahrheit der Kirche, die durch Überlieferung, Geist und Schrift gewährleistet war, vertrauend hineinstellte.

Die laizistische Fortschrittsidee, die ihrerseits Religion revolutionär in Frage stellte, erfaßte nicht den konfessionellen Bruch, der die Einheit der Christenheit von innen her zum Problem gemacht hatte. Sie rang um den Subjektivismus der Reformation, weil sie die Vorstellung von einer das Individuum objektiv bindenden Existenz Gottes nicht mehr voll zu realisieren vermochte. Ihr mußte die Reformation deshalb genau wie die alte Kirche als mittelalterliche Vorstufe der eigenen Position erscheinen. Die Weltverachtung der Reformatoren hatte die Welt aber nur umso rigoroser christlichen Wertmaßstäben unterstellt. Die mittelalterliche Zweigleisigkeit des Weltverständnisses, die bis in die kirchliche Investitur hinein die Doppelung und Unterscheidung von Temporalität und Spiritualität sichtbar gemacht hatte, entfiel in der Reformation. Luther begriff das Weltliche zunächst als Störung der christlichen Kirche: die grundlegende Verworfenheit der Welt wurde nach reformatorischer Auffassung nur durch das Leben aus dem Glauben aufgehoben; die schöne Schöpfungstat Gottes schien grundlegend verdorben. Eher als das Gebot der Kirche schuf die christliche Innerlichkeit der Reformatoren die Ausgangslage für die Koinzidenz religiöser und weltimmanenter Haltung, an der das monastische Ideal des Mittelalters so grundlegend gezweifelt hatte.

2. Staat-Territorium: Während die Reformatoren die Kirche aus ihrer weltlichen Verdorbenheit gerade befreien wollten, waren sie bei der Besetzung der kirchlichen Institutionen, die sie in dem Bewußtsein unternahmen, die wahre Kirche zu sein, gerade auf die Unterstützung der weltlichen Gewalt angewiesen. Das Verfahren resultierte aus der mittelalterlichen Kirchenhoheit des weltlichen Arms, der, wo er wenig Widerstand fand, den Übergang reibungslos bewerkstelligte[341]. Die Struktur mittelalterlicher Zuordnung von geistlicher und weltlicher Befugnis mit Autarkie der kirchlichen Jurisdiktion wurde dadurch nicht evolutionär fortgesetzt, sondern qualitativ verändert: in Inhalt und Kirchenverständnis war die neue Konfession nicht das alte Christentum, der Territorialstaat erhielt eine ersatzgeistliche Funktion, das Handeln des Fürsten erfuhr eine zentrale christlich-evangelische Neubegründung. Die dialogische Struktur gegenseitiger Einschränkung von Kirche und Staat in Konkordie und Kontroverse geht im Augenblick der konfessionellen Revolution zunächst verloren. Das Landesfürstentum nutzt das kirchliche „Machtdefizit“, das innerhalb des Territoriums nur zu der wirkungsschwachen Opposition der kirchlichen Stände und des Adels findet, zum Ausbau seiner Stellung, indem es die „cura animarum“ seinem Regiment unterstellt. Die revolutionäre Kategorie ergibt sich aus der Entrechtung der alten Kirche, aus der ideellen Rechtfertigung des landesherrlichen Eingriffs und aus der Methode der neukirchlichen Stellenbesetzung. Der reformatorische Fürst glaubt im Einklang mit seiner Christenpflicht zu handeln, indem er die Gefährdung der christlichen Wahrheit durch den päpstlichen Antichrist aufhebt. Die Revolution von oben bedient sich meist überkommener kirchenhoheitlicher Rechtsmittel, sie versteht sich nicht als Rechtsbruch, sondern als christliche Aufgabe, den wahren Glauben wiederherzustellen. Indem der Fürst Sorge trägt, das Verlangen des Volkes nach Einführung der Reformation zu erfüllen, sich also mit dem Volk im zentralen Anliegen des rechten Christentums identifiziert[342], bezieht er eine überlegene Legitimationsstufe zur Neuord-

[341] Vgl. G. R. Elton, A Conservative Revolution: The English Reformation and the Law. In: GWU-Beiheft 1971. S. 28.

[342] Nach einem zeitgenössischen Bericht haben die pommerschen Herzöge das Evangelium zunächst abgewehrt „und konden id nicht lenger up-

nung des Territoriums im herrschaftlichen Sinne. Angesichts befohlener Konfessionswechsel stellt sich die Frage nach landesherrlicher Überkompetenz, aber auf Dauer entwickeln Fürsten, Professoren, Studenten und Bürger als Gläubige ein vornationales, auf Land und Konfession bezogenes Gemeinschaftsgefühl.

Der lutherische ‚Obrigkeitsstaat' ist keine Fortschreibung der mittelalterlichen Hierarchie. Er entsteht als Erfolgsbedingung der konfessionellen Revolution. Die staatsrechtliche Indifferenz Luthers läßt revolutionär politisches Handeln nur zur Wiederherstellung des wahren Christentums zu. Die handelnde Instanz ist der Fürst nicht nur qua Obrigkeit, sondern auch als Christ. Ist die evangelische Wahrheit eingeführt, so hat die Revolution gegen die alte Kirche ihr definitives Ende gefunden. Da die kirchliche Revolution als Restauration der wahren Kirche gedacht war, kann sie nicht weitergehen. Politik besteht nach Luther in der Gewährung und im Schutz der christlichen Verkündigung; insofern die Obrigkeit beides sicherstellt und selbst im Worte Gottes gefangen ist, kann ihr Walten nicht in die Irre gehen. Wird die Obrigkeit tyrannisch, so muß dies in christlicher Ergebung getragen werden: der politische Quietismus ist selbst das Ergebnis der umfassenden christlichen Sinnstiftung, die die konfessionelle Revolution geleistet hat.

Die Reformation bringt dem Staat einen uneigentlichen, unpolitischen Machtzuwachs, der natürlich mißbraucht werden kann. Luthers Reformation christianisiert den Territorialstaat auf ihre Weise, aber sie intendiert zunächst keinen substantiellen Beitrag zur Rechtsidee des Staates. Die Entwicklung des Staats zum Konfessionsstaat war deshalb keine Säkularisierung gegenüber dem Mittelalter mit seiner naturrechtlichen Begründung des Staats. Erst die Konfrontationen des konfessionellen Zeitalters, die aus der konfessionellen Revolution und ihren Gegenwirkungen folgen, lassen den Staat seine Pflicht zur überkonfessionellen Friedenswahrung erkennen. Die Linie zum Säkularismus des Staats läuft historisch nicht über Luther, sondern über den Neostoizismus katholisch-französischen und niederländisch-calvinistischen Denkens.

3. Staat-Reich: Das Reich ermöglicht einerseits die Reformation, weil es die Autonomie der für die Reformation gewonnenen Territorialherren und Städte institutionell absichert, andererseits verhindert es, daß die Reformation voll gelingt. Die Reichsstände wollen im eigenen Interesse das Wormser Edikt als Reichsachtfall nicht

holden, se wolden sick denne umb land und lude bringen" (zit. nach Heyden I S. 318).

vollstrecken: Die reformabweisende Gegenwehr der Kurie verstrickt sich zusätzlich in dem Spannungsgefüge der nicht reformierten Reichsverfassung. Der Protest von 1529 steht im Umkreis eines neuen, reformationstheologisch begründeten, reichsständischen Widerstandsrechts, in dem Widerstand nicht mehr als Aufgabe einzelner reichsfürstlicher Gruppen wie der Kurfürsten angesehen wird. Die Revolutionierung der Reichsspitze unterbleibt auch deshalb, weil der Kaiser und die altgläubigen Fürsten den christlichen Basiskonsens des Mittelalters nicht in Frage stellen wollen und glauben, daß die christliche Wahrheit bei der Kirche, dem Papst und den Konzilien trotz aller Mängel der Institution sich erhalten hat. Gerade wegen ihrer geringen Stringenz ist die Reichsverfassung geeignet, den revolutionären Protest der Reichsstände und den ersten Religionskrieg durch evolutionären Wandel aufzufangen. In Fortbildung der korporativen Struktur des Reichstags konstituieren sich die evangelischen Reichsstände auf Reichsebene als Religionspartei. Sie entziehen damit die Entscheidung über die Religion der Verfügbarkeit der altgläubigen Mehrheitspartei; die Verschiedenheit der Konfession wird so — zunächst allerdings nur begrenzt auf ständischer Grundlage — formal zum Grundrecht. Damit deutet sich der Basiskonsens der neuen plurikonfessionellen Welt an. Das Reich ist es auch, das schließlich den Dreißigjährigen Krieg beendet und dem ‚Prinzip Hoffnung' Grenzen setzt: Der Friede unter den Religionsparteien wird in dem Verzicht auf revolutionäre bzw. gegenrevolutionäre Inkorporation des Religionsfeindes erreicht.

4. Staat-Stadt: Auch in den Reichs- und größeren Landstädten ist die Reformation eine konfessionelle Revolution und nicht in erster Linie ein demokratisches oder soziales Ereignis, wenn auch genossenschaftliche und sozial-revolutionäre Bestrebungen mit ihr einhergehen. Stein des Anstoßes ist der Klerus; mit seinen Exemtionen, Privilegien, Immunitäten und Jurisdiktionsrechten widersetzt er sich der Assimilation in das einheitliche Rechts- und Sozialgefüge des städtischen Kosmos. Revolutionäre Methoden und Techniken, die jedoch im Rahmen des gesteckten Ziels der Religionsänderung sich halten, werden hier besonders deutlich: Kanzelagitation, werbende Appelle an die Öffentlichkeit und an den Rat der Stadt, Mißtrauen und Beaufsichtigung seitens der altgläubigen Kräfte, „Infiltration"[343] in Stiftern, Klöstern, Pfarreien und Predigtämtern, Zwang und Nötigung durch neue Aufsichtsinstanzen, öffentliche Unruhe, Sezessionen, Vermögensbeschlagnahmungen, Vertreibungen, Einkerkerungen und sogar Hinrichtungen.

[343] Tüchle S. 65.

Wie in jeder Revolution werden weiter gehende Unruhen, besonders die der Täufer, die aus dem Evangelium etwas anderes ableiten wollen als einen besseren Glauben und eine neue Moral, rigoros unterdrückt. Aber es bedeutet eine unzulässige Verlagerung der Motive, wenn dieser hohe Grad von Erregtheit primär auf Politik und Ökonomie zurückgeführt wird, denn die religiösen Motive der Unruhe werden immer wieder ausgesprochen, und verfassungsrechtlich ändert sich in den Städten weniger als in den früheren Zunft- und Geschlechterkämpfen.

Häufig geben die tumultuarischen Zustände, die leidenschaftliche Prädikanten nutzen oder hervorrufen, dem Rat die Veranlassung zum Eingreifen und zur Durchführung der Reformation. Aber auch stille Übergänge kommen vor, wie etwa in Nürnberg. Die reformatorische Widerstandspflicht gegen die auf den vermeintlichen Antichrist zurückweisende Unterdrückung des Glaubens hat auch in den Reichsstädten dem Rat die Möglichkeit gegeben, die stärkere Anspannung der geistlichen Befugnisse, die in den Gegenmaßnahmen gegen neugläubige Predigt sich abzeichnete, und die gesamte auswärtige Jurisdiktion der Geistlichkeit zurückzudrängen und als Störung der Ordnung zu behandeln. Die fremde Kirchenhoheit wird aus der reformierten Stadt hinausgedrängt, ihre Gegenwehr reicht vom Kammergerichtsprozeß bis zur sang- und klanglosen Abdankung. An ihre Stelle treten Rat und Bürgerschaft. Die Abschließung der Reichsstadt auf rechtlichem Gebiet wird ergänzt durch innere weltanschauliche Konsolidierung, die im Erlaß städtischer Ehe-, Sitten- und Kirchenordnungen zum Ausdruck kommt, aber bei lebensfrohen Teilen der Bevölkerung nicht immer auf Verständnis stößt. Denn gegenüber spätmittelalterlichem Laxismus führt die konfessionelle Revolution zur stärkeren Betonung der Ordnung und zunächst zu geistlich-weltlichem Kompetenzzusammenfall.

Das gemeinsame Bekenntnis, das trotz theologischer Unklarheiten und kultischer Mischformen den gemeinsamen Gegner kennt, schafft nähere Bündnisse zu Nachbargemeinden und übergreift ansatzweise den Standesunterschied zu den Fürsten: In dem „brüderlichen Verhältnis"[344] der reformierten Stadtgemeinden zueinander, nicht aber im christlichen Mittelalter, liegt ein Keim der deutschen Weltanschauungspartei. Kränkungen des bürgerlichen Sozial- und Rechtsempfindens entluden sich vor der Reformation gemäß dem mittelalterlichen konkreten Rechtsgefühl in spontanem Aufruhr und in unverzüglich hergestellter Besserung der Zustände; die konfessionelle Revolution bietet ordnende und erneuernde Rück-

[344] Vgl. Seubert S. 25.

kehr zum wahren Christentum. Sie vermag so Lebenssinn zu stiften, der, einmal ergriffen und verinnerlicht, mit abstraktem Weltgenügen und mit Quietismus vereinbar scheint[345].

Das marxistische Revolutionsverständnis versagt vor der differenzierten Wirklichkeit von Schichten- und Lokalantagonismen der spätmittelalterlichen Welt und speziell vor der Erklärung der städtischen Verhältnisse: Kapitalistisches Wirtschaftsgebaren war den Trägern des „Feudalismus" so eigen wie für Teile der städtischen und bäuerlichen „frühbürgerlichen" Schichten (Zünfte) atypisch; aber die jahrhundertelange Evolution seines Bürgerstandes hatte im städtischen Ballungsraum den neuzeitlichen Träger zielgerichteter, jedoch nicht einem konstruierten Gesamtprozeß der Weltgeschichte eingliederbarer Massenbewegungen hervorgebracht.

Ob die Reformation gemäß der Absicht der Reformatoren das ursprüngliche Gotteswort wirklich wieder rein und unverfälscht hergestellt hat, ist eine metahistorische Frage. Wie aber das Denken über die Reformation selbst verdeutlicht, läßt revolutionäre Denkstruktur verschiedene Inhalte zu. Warum konnte sie in der Reformation und in der Selbstinterpretation des europäischen Geistes so durchschlagkräftig sein? Es ist Tatsache, daß die Reformation keine großen sozialen Umwälzungen, keine neuen Schichten ans Ruder brachte: die Herausbildung der Stände erfolgte im Spätmittelalter, die Zeit von Klassen war allenfalls das ausgehende 19. Jahrhundert. Gleichwohl traf die Reformation auf einen bedeutenden sozialen Umschichtungsprozeß. Um die Mitte des 15. Jahrhunderts hatte die „Verwaltungsreform" in den Städten sowie in den geistlichen und weltlichen Territorien anstelle des Adels und des Klerus eine am Römischen Recht geschulte Bürokratie erfordert. Bürgerliche, an den Universitäten geschulte Juristen übernahmen allmählich die maßgeblichen Stellen und verdrängten als ein „Connubium gleicher Herkunft, Bildung und Zielsetzung" den kinderlosen Klerus[346]. Ein abstraktes Denken mochte in dieser relevant werdenden Schicht, die an der Universität ihre Bildung erhielt, Resonanz finden.

Die Reformation konnte eine konfessionelle Revolution ohne angemessenen, statistisch erfaßbaren sozialen Wandel sein. Vielleicht war sie so ein Beweis dafür, daß sozialer Wandel gerade ohne Revolution erfolgen kann. Die Wirkung und die Wirkungsge-

[345] Vgl. GEBHARDT, Politik und Eschatologie S. 13 f.

[346] Heinz F. FRIEDRICH, Sippe und Amt im kurmainzischen Vizedominat Aschaffenburg 1450—1650. In: Aschaffenburger Jahrbuch 4 (1957) S. 1026 ff., 1038, 1045.

schichte der Reformation waren dennoch soziale Größen[347]. Als Christ konnte Luther letztlich alles in seinem Stand lassen, wenn er nur das Eigentliche gefunden hatte. Sind aber seither Reaktion und Restauration in anderen Bereichen stets als Gegensätze eines revolutionären Denkens zu begreifen, das die vielgestaltige Wirklichkeit *einer* Zielvorstellung unterwirft und das durch Rückkehr zum *wahren* Alten das Neue heraufführen will?

[347] Vgl. auch Jörg BAUR, Anfragen eines evangelischen Theologen. In: zur debatte. Themen der katholischen Akademie in Bayern. 4 Jg. 5/6 (1974). S. 6.

Orts- und Personenregister

In das Register sind auch die Autoren der benutzten Schriften aufgenommen. Bei ihnen sind nur diejenigen Seiten aufgeführt, wo ihre Schriften erstmals — mit vollen bibliographischen Angaben — genannt werden. Bei nur in den Anmerkungen vorkommenden Namen sind die Seitenzahlen mit * gekennzeichnet.

Abkürzungen:

GWU	=	Geschichte in Wissenschaft und Unterricht
HZ	=	Historische Zeitschrift
KLK	=	Katholisches Leben und Kirchenreform im Zeitalter der Glaubensspaltung
MEW	=	Marx-Engels-Werke
RTA JR	=	Reichstagsakten Jüngere Reihe
WA	=	Weimarer Ausgabe (von Luthers Werken)